成功・勝利への近道

思いつき・ヒラメキが お金になる！

簡単！ドリル式で特許願書がひとりで書ける

一般社団法人 発明学会会長
東京日曜発明学校校長
中本繁実 [著]

日本地域社会研究所　　コミュニティ・ブックス

本書と出合って、身の周りのことが、いろいろ気になるようになったでしょう。また、思いつき・ヒラメキの作品がぞくぞく浮かんでくるでしょう。
　あなたの隠された能力がつぎつぎと、新しい作品を生み出し、頭（あたま）、脳（のう）が目覚めるでしょう。そして、その作品のうち、どれが製品に結びつくものか、どの作品を出願して、権利化しておくべきか、間違いのない「特許願」の手続きはどうしたらいいか（!?）
　この本は、一度でも、これは、いい作品じゃないかなー、と自分で思いついたことのある人、新しい製品を生み出したい会社のために書いた本です。
　この本では、出願書類の書き方がだれにでもわかるように、パターンを紹介しています。

「固い頭」を「軟らかい頭」にかえよう！
　あなたが特許（発明）を学習する「目的」は、何ですか（!?）

□ 14,000円「特許印紙代」で「特許庁」に出願することですか。
□ 「発明コンクール」に入賞することですか。
□ 30万円、50万円、お金を使って「特許庁」に出願することですか。
□ 自分で「出願審査請求書」を提出して、権利を取ることですか。
□ 特許出願中「PAT．P」に、「製品」に結びつけることですか。
□ ロイヤリティ「特許の実施料」を2～5％もらうことですか。

　あなたは、夢を叶えるのは、むずかしい、とあきらめていませんか。
　毎日を漠然と過ごしてはいけませんよ。夢を叶えるために、計画をたて、○○の作品の内容を練り、行動することです。
　それが、○○の作品が「製品」に結びつく、鍵（カギ）です。
　眠っている、才能「豊富な知識」に、渇（カツ）を入れてください。
　頭（あたま）も、脳（のう）も、さらに、活躍できる場ができて、喜んでいますよ。

まえがき

　思いつき・ヒラメキで、少し工夫した作品の「知的財産権」はだれでも取れます。特別な才能、技（わざ）は必要ありません。

　楽しみながら、ちょっとした工夫、効率良くするための配慮が、その道のプロでも舌をまく作品を生み出します。

　特許（発明）がお金「巨万の富」を稼ぎます。それが、知的財産権です。一つの特許（発明）が、人、会社の近い将来の運命を左右することもあります。

　私たちは、毎日の生活の中で、いろいろな商品にお世話になっています。キッチン用品、健康グッズ、事務用品、トラベル用品などです。

　では、ここで、生活の身の回りを少し観察してみてください。私たちの周辺には、富の財産を得る予備軍の素材がたくさんころがっています。

　タダの「頭」、「手」、「足」を使っても、ムリをして、ムダなお金を使ってはいけませんよ！　……、その鍛錬こそが知的財産権になる作品を引き出させる最短のコースです。

　知識が豊富で、得意な分野にチャレンジしてください。自分の力で、悩みを解決できます。「頭」、「脳」がすっきりしますよ。

　では、特許（発明）の学習を一緒に、スタートしましょう。

　人に頼っても、ムリをして、お金を使っても、上手くいきません。

　数カ月後、あるいは、数年後に、こんなはずじゃなかったのになあー、……、といわないように、最初、少しだけ、お願いがあります。

　次の点に注意してスタートしましょう。

★

□①高価で便利なツールをそろえなくても特許（発明）はできる
　高価で便利な道具（ツール）をたくさんそろえたいですか。
　……、道具をそろえても製品には、結びつきません。また、素晴らしい作品も生まれません。

□②得意な分野で、豊富な知識がつまっているタダの頭を使おう
　タダの「頭」、「手」、「足」をたくさん使ってください。

ムリ、ムダになりそうなお金を使ってはいけません。
□③不便だ、使いにくい、腹のたつことが知的財産権のタネ
　たとえば、洗濯すると、服に糸、綿ぼこりがついてしまう。
　ビンなどの容器のふたが上手くはずれない。
　……、こういった〝不便だ、使いにくい〟を〝便利だ、これは使いやすい〟といえるように工夫しましょう。
□④腹のたつことが新しい作品を創作するタネ
　その困った、タネ（使用上の不便さ）を、形状を工夫して、構造を工夫して、便利なものに改善してください。
□⑤毎日、5分、10分考える時間を作ろう
　毎日、5分、10分でいいです。考える習慣をつけましょう。
　時間が作れない、という人は、たとえば、通勤の電車の中でも結構です。トイレの中でも結構です。通勤、通学時間を活用すれば、電車が混んでいても、気にならないかもしれません。その時間が有効に使えます。
□⑥具体的な「目標」を決めよう
　最初は、確実に実現できるような「目標」をたてましょう。
　私のテーマ「科目」は、○○です。第一志望の会社に売り込み（プレゼン）をします。……、といったことです。それを決めてからスタートしてください。
　そして、○○の作品が製品に結びつく楽しいゴール「製品化」をめざしましょう。
□⑦作品のテーマ「科目」は、家庭にある製品の周辺にしよう
　作品のテーマ「科目」は、いつも使っている製品の周辺にしましょう。
　たとえば、洗濯機、冷蔵庫、電子レンジ、パソコン、携帯電話、スマートフォン、ＡＩ、ＩｏＴなどの付属品、または、周辺です。
□⑧作品のテーマ「科目」を決めるとき
　自分自身の知識が豊富で、大好きで、得意な分野を選びましょう。
　人に頼ると、技術を教えてもらうために、お金がかかります。
□⑨メモを取る習慣をつけよう

ふと浮かんだ超ラッキーなヒントを忘れないようにメモを取っておきましょう。

□⑩作品は、質より量

最初は、ウッ（!?）の付く作品でも結構です。考え込んでしまいそうなもので大丈夫です。

作品は、質より量です。たくさん考えましょう。

その中で、得意「大好き」なテーマ「科目」を一つ決めるのです。

そして、「1人1テーマ一研究」をしましょう。

□⑪思いつき、未完成の作品を完成させるために試作品を作る

説明図（図面）を描きましょう。手作りで、試作品を作ります。実験（テスト）をしてください。便利になったか、効果が確認できます。

そして、思いつき・ヒラメキを〝なるほど〟といってもらえるように作品の完成度を高めましょう。

□⑫未完成の作品、出願を急がないで、創作した事実を残そう

新しい作品を創作している段階では、まず、○○の作品、○○年○月○日に創作しました。……、といえるように、日付を随時残しておきながら作品を完成させてください。

□⑬○○の作品を第一志望の会社に売り込むのは、あなたの仕事

○○の作品の売り込み（プレゼン）、発明家の仕事です。

○○の作品を第一志望の会社に売り込み（プレゼン）をして、得意になって担当者を説得しましょう。

あなたの、その熱意が担当者を動かします。その結果、いい知恵、製品に結びつくヒントを教えてくれます。

実際に町の発明家、サラリーマン、ＯＬ、主婦などの生活感のある作品を採用してくれています。

本書を○○の作品の知的財産権を獲得するための入門書として、大いに活用してください。知的財産権を生む力がつきます。

「目標」を決めて、スタートしましょう。そして、嬉しいゴール「製品化」を目指しましょう。

私は、町の発明家の作品を製品に結びつけるための売り込み隊長です。
　特許（発明）の潜在人口は、約700万人とも、約800万人ともいわれています。
　さらに、こんなものがあったらいいなあー、……、といった程度のソフトアイデアを楽しむ特許（発明）人口は、約1,000万人もいる。……、といわれています。
　その知恵の知的財産権を会社は歓迎しています。
　本書を出版するにあたり、だれにでもわかりやすくまとめるためのご助言をいただきました、門下生のはるなえみさんに心よりお礼を申し上げます。
　大切なところは何度も繰り返し説明しています。全体の説明が少しくどくなっている点があるかもしれませんがご理解ください。

令和元年8月
中本繁実

もくじ

まえがき ……………………………………………………………………… 3

第1章　思いつき・ヒラメキをお金にしたい …………………………… 9
1．作品を"なるほど"といってもらえるようにまとめる ……………… 10
2．簡単にお金を使うと、すぐに発明貧乏になる ……………………… 12
3．他の人（第三者）がマネをしてくれる作品を創作する …………… 14
4．文章、説明図にあらわしてこそ価値がある ………………………… 18
5．心を込めて、手作りで、試作品を作る ……………………………… 21
6．未完成の作品の出願をあせってはいけない ………………………… 24
7．日本は「先願主義」だけど、出願を急ぐことはない ……………… 26
8．作品の製品化・権利化の流れ ………………………………………… 30
9．確実に製品にできるように小さな「目標」を決める ……………… 31
10．ヒントになる情報が集まる「特許情報プラットフォーム（J-PlatPat）」… 35
11．"思いつき・ヒラメキ"は、作品を完成させる途中 ……………… 36
12．個人の発明家と企業の創作活動は違う ……………………………… 39
13．権利化の可能性の判断、市場調査も大切 …………………………… 41
14．産業財産権（工業所有権）とは何か ………………………………… 43
15．発明とは何か …………………………………………………………… 43
16．産業財産権と著作権 …………………………………………………… 44
17．産業財産権の保護の対象は何か ……………………………………… 46

第2章　思いつき・ヒラメキを特許に出願したい ……………………… 49
1．お金をかけないで、3時間で書ける「特許願」……………………… 50
2．「特許願」に必要な書類 ……………………………………………… 52
3．「特許願」の書き方 …………………………………………………… 54
4．わかりやすい「願書」の形式と書き方 ……………………………… 60
5．わかりやすい「明細書」の形式と書き方 …………………………… 68
6．わかりやすい「特許請求の範囲」の形式と書き方 ………………… 82
7．わかりやすい「要約書」の形式と書き方 …………………………… 86
8．わかりやすい「図面」の形式と描き方 ……………………………… 89
9．書面で「特許願」の手続きをする …………………………………… 100

10．「特許庁」に手続きをする ─────────────────── 100
  11．電子化手数料 ─────────────────────────── 102
  12．「特許願」の「出願の手続きから登録」の流れ ─────────── 103

第3章　思いつき・ヒラメキの作品の事例 ─────────── 111
  前編　思いつき、ヒラメキのアイデアの内容を書類にまとめる ──── 112
  1．作品の事例：「小孔付き盃」 ──────────────── 112
  2．作品の事例：「キュウリをまっすぐに育てる長筒状の補助具」 ── 128
  3．作品の事例：コンブで作った「ぐい飲み」 ─────────── 142
  後編　思いつき、ヒラメキのアイデア
　　　「特許願」の書類を自分でまとめる ───────────── 154
  1．練習問題：「窓を付けた懐中電灯」 ──────────── 154
  2．練習問題：「箸置きを付けた割り箸」 ─────────── 163
  3．練習問題：「洗濯機の糸くず取り具」 ─────────── 174

第4章　思いつき、ヒラメキの作品を企業に売り込み、
　　　　契約をめざす ─────────────────────── 189
  1．権利が取れていなくても、売り込みはできる ─────────── 190
  2．契約は「専用実施権」と「通常実施権」がある ────────── 191
  3．会社は、上手い文章がほしいわけではない ─────────── 192
  4．心配ばかりしていては、作品は製品に結びつかない ────── 193
  5．こうすれば、売り込みの手紙は読んでもらえる ────────── 197
  6．すぐに使える「売り込みの手紙」の書き方 ────────── 199
  7．ＮＯ「ゴメンナサイ」の手紙がきても大丈夫 ─────────── 202
  8．会社は、どのように対応しているのか ─────────── 208
  9．「発明コンクール」で、作品のレベルが確認できる ────── 210
  10．「日曜発明学校」で発表「プレゼン」の練習ができる ────── 212
  11．すぐに使える「契約書」の書き方 ───────────── 216

あとがき〔著者から送る大事なお便り〕 ────────────── 219

第1章
思いつき・ヒラメキを
お金にしたい

★ 思いつき・ヒラメキが"一攫千金"になるヒント

● 洗濯機の糸くず取り具

　昭和43年頃ですが、東京の日曜発明学校のある日の発表に、「洗濯機の糸くず取り具」がありました。

　Sさんが考えた作品です。Sさんは、会社に売り込んでもなかなか相手にしてもらえないので、どこかの会社の目にとまるかも知れないと思って発表しました。

　採用してくれたのが(株)ダイヤコーポレーションです。その製品が"クリーニングペット"でした。発売して2年目に、松下電器(当時)が、洗濯機に一つずつ付けることになり、ここだけで、月に約15万個も売れることになりました。

　その後、吸盤がはずれる。……、という課題があったので、それを改良して、枠に空気袋を付けて浮かせるようにしました。それが〝クリーニングボール〟です。それがブームのときは、月に約5千万円も売れるようになりました。

　(株)ダイヤコーポレーションでは、日用品の作品を好んで製品化してくれるというので、社外の作品が集まり洗濯関係、浴室関係で新製品が続々と生まれました。

　同じように日曜発明学校から持ち込まれた球形のネットなども、月に約5千万円も売れるヒット商品になりました。発明者のSさんは、約3億円近いロイヤリティをもらったのです。

1．作品を"なるほど"といってもらえるようにまとめる

●特許（発明）の学習は、ムリをして、背伸びすることはない

　特許（発明）の学習は、中学、高校などの学校の学習と違います。

　好きなテーマ「科目」だけを、好きな時間に、好きなだけやればいいのです。○○に夢中になってください。

　嫌いなテーマ「科目」、……、学習する必要はありませんよ。

　知識がなくて、不得意な分野にチャレンジしたら大変です。

　それは、○○の作品の構造上の欠点、課題の解決方法、使い方などの説明ができないからです。

　これから、その専門分野の学校に通学して学習する時間がある人、お金に余裕があって、専門分野の技術者を家庭教師に雇える人は別です。

　でも、私（中本）は、おすすめしません。

　作品を完成させるのにお金がかかります。時間もかかります。

□知識が豊富で、得意な分野をテーマ「科目」に選ぶ

　ムリをしないでください。そして、毎日の生活を楽しんでください。

　知識が豊富で、得意な分野で、好きなテーマ「科目」で、新しい作品を創作することです。

　すると、不便を簡単に改善できます。その心配りが、専門家でも舌をまく作品になります。そして、近い将来、製品に結びつきます。

　その結果、その"発想力"がロイヤリティ（特許の実施料）生活を生み出します。

　しかも、いまは、その小さなヒント、考え方が巨万の富を稼ぎ、一つの作品が会社の運命を左右する知的財産権の時代になったのです。

●日本は、先願主義だけど、出願を急げ、という意味ではない

　ここで、未完成の作品の出願、あわてて、出願してはいけません。

　それなのに、○○の作品は素晴らしい。……、それで、すぐに「特許願」の出願をして権利を取りたい、と初心者は思っています。

□「出願＝製品」ではない

第1章　思いつき・ヒラメキを お金にしたい

　日本は先願主義です。だから、一日も早く出願しないと権利が取れない。……、と初心者は思います。それで、「特許願」の出願を急ぎたいのです。でも、まだ、書類の書き方、学習していません。
　だけど、すぐに、何十万円も使って出願する人がいます。
　そのお金、発明家にはリスク（金額の負担）が大きすぎます。
　そんなことをしていたら、心強い応援団であるハズの家族の人からも、すぐに反対されますよ。
□**特許（発明）は、優しさと楽しむ余裕が大切**
「特許願」の出願を急いでも、○○の作品は製品に結びつきません。
　出願は、簡単にできます。少し学習をしてください。すると、だれでも、書類は書けるようになるからです。
　費用も、14,000円（特許印紙）の実費だけです。
　だけど、その出願、ちょっと待ってください。出願することではないですよ。
　一緒に学習しましょう。その理由が、わかります。

●**もう一歩の練り方、磨き方で、作品は製品に結びつく**
　お金のこともありますが、それよりも、□先行技術（先願）の資料を集めましたか。□すぐに製品に結びつきそうな作品ですか。□○○の作品は完成していますか。……、まず、それを考えましょう。
　発明家は、タダの「頭」、「手」、「足」をたくさん使ってください。
　この鍛練こそが、○○の作品が製品に結びつく最短コースです。
　もう一歩の練り方、磨（みが）き方で、その作品は、製品に結びつきます。そのチャンスはだれにでもあります。
　□独占権が取れます。□作品が製品に結びつきます。□ロイヤリティ（特許の実施料）がもらえます。だから"元気"になれます。

《作品のヒント》
　チャレンジしていただきたい作品のテーマ「科目」は、携帯電話、ＩＴ（情報技術）関連の周辺、ＡＩ（人工知能）、ＩｏＴ（モノのインター

ネット）との分野の周辺、健康グッズ、キッチン用品、事務用品、トラベル用品、……、などです。

　あなたの周辺には、テーマ「科目」になる素材がたくさんころがっています。新しい作品を創作して消費者の方に喜んでもらえるようにしましょう。そして、本当に元気になりましょう。

※ＩＴ：Information Technology（情報技術）
　ＡＩ：artificial intelligence（人工知能）
　ＩｏＴ：Internet of Things（モノのインターネット）
　ロイヤリティ：royalty（特許などの実施料）

２．簡単にお金を使うと、すぐに発明貧乏になる

●簡単に、30万円、50万円、使ってはいけない

　私は、特許（発明）に入門したばかりの町の発明家に、いつも口をすっぱくしていっていることがあります。

　タダの「頭」、「手」、「足」はたくさん使ってください。だけど、大事なお金は簡単に使ってはいけない。……、ということです。

　でも、中には、思いついただけの○○の作品がとても素晴らしいです（!?）……、近い将来、必ず数百万円、儲かります。

　だから、いますぐ、30万円、50万円、使っても大丈夫！　初期の投資です。……、といってお金を使う人がいます。その使い方が問題です。大きな勘違いです。それでは、すぐに"発明貧乏"になります。

　過去の統計、特許庁（東京都千代田区霞が関 3-4-3）に手続きをしている作品を見れば、製品に結びつく作品は、1,000に3つ（0.3％）くらいです。あとの997（99.7％）は、迷案、珍案、愚案です。

　その理由は、未完成の作品なのに、出願することが一番だ、と考えているからです。

第1章　思いつき・ヒラメキを お金にしたい

●特許（発明）はだれにでもできる
　先生は、特許（発明）はだれにでもできる！　といつもいっています。
　ところが、現実はどうでしょう。1,000に3つ（0.3％）ですか。それでは、はなしが違います。
　……、と叱られそうですが、……、それは、歌はだれにでも歌える。料理はだれにでも作れる。……、ということと同じです。
　ただ、プロになれる人は少ない。……、ということです。プロになるには、大変な努力が必要です。そんなにあまいものではありません。
　そこで、まず、たくさんの作品を提案することです。
　その中で、□友人に聞いてください。□自分でも判断してください。□第一志望の会社に売り込んでください。
　すると、製品化できる作品かわかります。それを選択するのです。
　それから「特許庁」に手続きをすればいいのです。
　過去の1年間の特許の出願件数を調べて見ました。すると、約32万件です。その中で、権利が取れるのが約40％です。この中に入って初めて特許（発明）といえます。
　その中で、製品化は、1,000に3つ（0.3％）といわれています。こんな状況の中で、100に3つ（3％）、10に3つ（30％）の人もいます。
　その理由は、最初に「目標」の第一志望の会社を決めて、行動するからです。事業内容をチェックします。そして、傾向と対策を練ります。
　そうです。会社が求めている作品を提案しているのです。

●売り込み（プレゼン）に力を入れる
　素晴らしい○○の作品を創作しても、それを製品に結びつけるためには、その何倍もエネルギーが必要です。
　作品を創作するのに費やした時間と努力の何倍かを売り込み（プレゼン）に使いなさい。……、というのが鉄則です。
　ところが、第一志望の会社も決めていません。
　また、売り込み（プレゼン）に力を入れないのです。
　その理由は、作品が"素晴らしい""最高"と思っているからです。

だから、売り込み（プレゼン）をしなくても、製品化できると思っているのです。

● **自分で試作品は作れる**

次は、手作りで試作品を作ることです。

自分で創作した作品は、得意な分野でしょう。大好きなテーマ「科目」でしょう。だから、たいていのものは、手作りで試作品は作れるハズです。積極的にチャレンジしましょう。

そして、実験（テスト）をするのです。試作品の改良をくりかえすのです。楽しみながら、完成度を高めて、作品を磨きましょう。

試作品をプロに頼めば、お金が大変です。

● **構造が複雑で、試作がむずかしいときは、どうすればいいのか**

構造（しくみ）が複雑で、試作品を作るのが、むずかしくて、お金がかかりそうなときは、どうすればいいですか。

そのときは、ムリをしないでください。「目標（第一志望、第二志望）」の会社に手紙を書くのです。売り込み（プレゼン）をするのです。

社長さんが、作品を気に入ってくれたら、製品にするために、試作品を作ってくれます。だから、どんなときでも、町の発明家は、ムリをしてお金を使ってはいけないのです。

家族で、あるいは、お友達と楽しく意見交換をしながら"ものづくり"にチャレンジしてください。楽しむ余裕が必要です。

３．他の人（第三者）がマネをしてくれる作品を創作する

● **一つの法律で○○の作品のすべてを保護できない**

みなさん、特許（発明）でも、意匠（デザイン）でも、著作物でも、人がマネ（模倣）をしてくれるような作品の創作をすることが大切です。

マネをしてもらえることが一番です。

権利！　ウーン、少し考えて、それは二の次です。

著者の気持ちですが、マネをしてくれてありがとう。……、といえるくらいの余裕が必要だ、と思います。

□**製品に結びつけて、マネをした人に文句をいおう**

出願をしても、権利になったとしても、他の人（第三者）が○○の作品をマネしてくれなければ、何の価値もありません。文句だっていえません。その前に、製品に結びつかないといけませんよね。

これは、特許（発明）、意匠（デザイン）のときも同じだと思います。

大切なことは、他の人（第三者）がマネをしたくなるような作品を創作することです。

それは、技術的な内容の作品の創作「発明」だろうと、文芸、学術、美術、音楽の作品の創作「著作権」であろうと、絶対に必要な条件です。

それができたら、作品の内容によって、特許（発明）、意匠（デザイン）などの産業財産権に出願するか、著作権にして、○○の作品の創作物を守ればいいのです。

しかし、一つの法律だけで、技術的な内容の作品も、物品の形状（デザイン）的な内容の作品も、商品の名前（ネーミング）も、パンフレットに使う説明書、説明図（図面）の印刷物の内容のすべてを保護することはできません。では、ここで、整理をしてみましょう。

《まとめ》

技術的な内容の作品は、「特許という知的財産権」です。

物品の形状（デザイン）がポイントの作品は、「意匠という知的財産権」です。

商品の名前（ネーミング）は、「商標という知的財産権」です。

商品の説明書、説明図（図面）の印刷物は、「著作権という知的財産権」です。

そこで、産業財産権でも、著作権でも、いいところを全部利用して○○の作品を保護してください。

● 一つの作品に複数の権利がある

　アイスクリームの「モチ＋アイスクリーム＝雪見だいふく」の権利について、考えてみましょう。

◆「説明図（図面）」

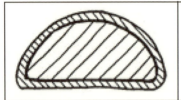

※「モチ＋アイスクリーム」がわかるように描いた図面「断面図」です。

《ポイント》
「雪見だいふく」の製造方法「発明の名称：被覆冷菓とその製造方法」は、「特許という知的財産権」です。
「雪見だいふく」の商品の名称（ネーミング）は、「商標という知的財産権」です。
「雪見だいふく」の商品の説明をしたパッケージ、パンフレットの印刷物は、「著作権という知的財産権」です。
　このように作品の内容を守るには、3つ、4つの法律を利用して守ることが必要だ、ということです。作品の内容を保護してくれる部分が違います。
　権利期間も違います。特許の権利期間は、出願の日から20年間です。
　著作権は、本人の死後50年間保護してくれます。映画は、公表後70年です。
　そこで、文芸、学術、美術、音楽の作品は、著作権という知的財産権も上手に利用してください。

● 作品を創作した日付を残す

　創作した作品の内容の事実と創作した日付（○○年○月○日）を残すために、たとえば、公証役場を利用する人もいます。
　郵便切手の日付の消印を利用する人もいます。

そうすれば、説明図（図面）、完成予想図などを描いたものは、○○の作品は、○○年○月○日に描きました。……、といえる日付（創作した日）を残すことができます。

そして、作品が製品に結びつきそうになったときに、特許（発明）、意匠（デザイン）などの産業財産権を利用して両法律でしっかり守ればいいのです。

Ｓさんの作品「洗濯機の糸くず取り具」だって、改良、改良の連続だったそうです。その結果、「ロイヤリティ（特許の実施料）」が約３億円になったのです。

◆「説明図（図面）」

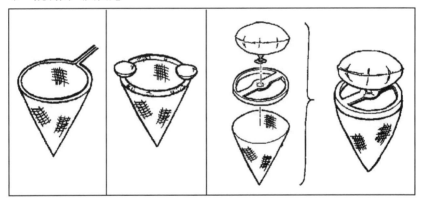

《ポイント》

作品の発想（未完成）から形ができる（完成する）までには、手作りで試作品を作り、実験（テスト）をします。効果が確認できます。

その後、何度も、改良を加えているハズです。

○○の作品が完成するまでは、その事実を書いている「研究ノート」を公開する必要はありません。出願を急いではいけません。

完成までの道のりは、何カ月も、かかることがあります。

完成の途中で急いで出願しました。ここは考えるところです。作品に魅力がありますか（？）それでは、だれも買ってくれませんよ。

だから、途中で、妥協しても、いいことはありませんよ。

4．文章、説明図にあらわしてこそ価値がある

●だれが見てもわかるようにまとめる

　学校を卒業したら、もうラブレター以外は、文章は書きません。
　それも、メール、携帯電話、スマートフォンですませます。
　……、そのように安易に考える人がいます。
　そういう考え方では、彼女（彼）は、貴方を信頼してどこまでもついてきてくれませんよ。……、どき！
　発明家の中に、私は、文章（明細書）、説明図（図面）にあらわすのが苦手です。……、といって、それを自慢する人がいます。
　ところが、特許（発明）とか、創造は、ただ自分の胸の内だけにしまっていたのでは、社会的な価値はゼロです。
　それを文章（明細書）、説明図（図面）にあらわしてください。
　それを、だれが見てもわかるようにまとめてください。
　それで、はじめて価値が出ます。だから、新しく作品を創作したときは、だれでもわかるようにまとめることです。
　それは、ちょうどお医者さんが書くカルテです。
　カルテは、主治医がいなくても、他のお医者さんが治療できるように書いています。だから、カルテの意味があります。
　技術の世界でもそうです。世の中のだれが見ても、どこでも、その技術が利用できるように文書（明細書）にしてこそ価値がでるのです。
　そこで、文章（明細書）がとにかく苦手だ！　という人のために書き方の例を紹介しましょう。

●「文章の5段階」をモデルにしてまとめてみよう

　それでは、次に示すような「文章の5段階」をモデルにして一緒に書いてみましょう。簡単に書けるようになります。

◆「説明図（図面）」

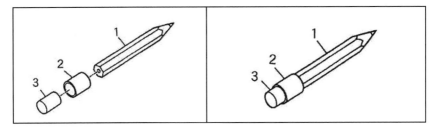

符号は、「1　鉛筆の軸、2　筒、3　消しゴム」です。

「説明図（図面）」は、消しゴムを付けた鉛筆の分解斜視図、斜視図です。

特許（発明）の説明文（明細書）でも、改善、提案の説明書でも、技術の実験レポートなどでも、書き方のパターンは同じです。

□第1段階・作品のあらまし

○○の作品のあらまし（アウトライン）がわかるように書きます。

あらましは、2～3行程度で結構です。

たとえば、消しゴムを付けた鉛筆のときは、本発明は、鉛筆の軸の一端に消しゴムを取り付けた鉛筆に関するものである。……、といったように書きます。

あらましを読むだけで、作品の全体の内容が簡単につかめるでしょう。

だから、技術のレポートなどには必ずあらましが付いています。

とくに、「特許庁」に提出する文書は、作品（発明）のあらまし（要約）をわかりやすく書くことがポイントです。

□第2段階・いままで（従来）の背景技術

いままで（従来）の「背景技術」です。

○○には、○○のような不便、欠点があった。……、と書きます。

たとえば、従来、消しゴムは何度も使っていると、小さくなるので使いにくかった。……、といったように書きます。いままでの技術の欠点を書くことは、絵でいえばバックのようなものです。

□第3段階・工夫した点

前文を付けて、その欠点、不便を解決するために、このように考えた、

と構造（しくみ）、形状の工夫した点を書きます。

　たとえば、鉛筆の軸（1）の一端に筒（2）を取り付け、筒（2）に消しゴム（3）を取り付ける。……、といったように書きます。

　これが文章の中心になります。その改良点も個条書きにすると、書きやすいです。しかもわかりやすくなります。

□第4段階・効果

　このように改良したから、○○のような効果が生まれました。……、と書きます。

　たとえば、ゴムが鉛筆の軸と一体になっているので、消しゴムが必要になったときでも、探す手間が省ける。……、といったように書きます。

　そのとき、データなどの数字を一緒に書くと説得力があります。

□第5段階・実施例（他の実施例）

　次は、実施例(他の実施例)を書きます。

　たとえば、筒（2）のかわりに、鉛筆の軸（1）の一端と消しゴム（3）を接着剤で接着してもいい。……、といったように書きます。

　少しくらい文章がわかりにくいとか、表現の仕方が下手とか、気にしなくても大丈夫です。

　まとめ方が上手になると、次の作品のヒントが出るようになります。

　それが"発想力"です。

《参考文献》

　「特許願」の書類の書き方の参考文献は、拙著『完全マニュアル！ 発明・特許ビジネス』（日本地域社会研究所）、『特許出願かんたん教科書』（中央経済社）、『一人で特許の手続きをするならこの1冊』（自由国民社）などがあります。

　図面の描き方の参考文献は、『これでわかる立体図の描き方〔基礎と演習〕』（パワー社刊）などがあります。

5．心を込めて、手作りで、試作品を作る

●試作品を作ってみないと便利さはわからない

　自分が手間隙をかけて作品を創作したものは、子どもを育てるようなものです。……、といわれるくらい、その作品に愛情と"発想力"を注いでいます。だから、思い入れも相当だ、と思います。

　初歩の発明家は、はじめ、○○の作品は、○○の部分をこのように改良すればもっと便利で使いやすくなるのに、……、とか、こんな作品があったらもっと助かるのに、……、といった内容のヒントから新しい作品を創作することに興味をもちます。

　ところが、実際に自分のこうした思いつきを形にするには意外とむずかしいものです。だからというわけではありませんが、手作りで、試作品を作りましょう。見てください。すると、いろいろな課題（問題点）が浮かびあがってきます。

●試作品には"説得力"がある

　テーマ「科目」の選び方が間違っていないか（？）

　確認もすぐにできます。

　たとえば、大好きな彼（彼女）に"料理を作るのは大好き"というより、"手作りの料理「弁当」"を食べてもらった方が説得力はあると思いませんか。

　……、○○の作品の試作品も同じだと思います。

　では、具体的な事例で説明してみましょう。

　夜寝るときに布団のシーツがズレることもあります。それで、ズレないように工夫しました。

　それは、シーツとふとんの両方にマジックテープ（登録商標）を付けて固定する方法でした。この解決案は、素晴らしいと思ったので、試作品を作ってみました。頭でイメージしたとおりに使いやすくなったか、実験（テスト）をして効果を確認しました。

　今度は、シーツを洗濯してみました。すると、糸くずがそのマジック

テープについてしまい、すぐに、この方法では、ダメになってしまうことがわかりました。
　このように、思いつき・ヒラメキ、考えだけの作品は、まだ、特許（発明）とはいえないということです。なぜかというと、……、その考えた作品の良さを確認していないからです。

《チェック・1》
☐①いままでよりも使いやすくて便利ですか。
☐②新しい効果がありますか。
☐③考えたとおりに組み立てられますか。
☐④正しく動きますか。
　……、などのチェックをすることが必要です。
　確認をしていなければ、未完成の作品です。
　実際に試作品を作って、実験（テスト）をしてみることです。
　創作していたことよりいい方法が見つかることもあります。

《チェック・2》
☐① 使いやすくなっていません。
☐② 組み立てが上手くできません。
☐③ 思いどおりに動きません。
　……、のような結果になってしまうかもしれません。
　このように、こんなハズじゃなかったのになあー、といったケースが起こってしまうこともあります。

●試作品を作っていない作品は、未完成で、完成させる途中
　初歩の発明家の中には、試作するための材料がどこに売っているかわかりません。私は生まれつき不器用です。だから、作れません。
　……、などといって積極的に試作品を作らない人がいます。
　このような人の作品は、ほとんどが作品を完成させる途中です。
　だから、少しつっこんだ質問をすると、まだ、そこまでは考えていま

第1章　思いつき・ヒラメキを お金にしたい

せんでした。……、といって簡単に引き下がっていきます。

　簡単な作品ほど落とし穴があります。

　それは、試作品を作って、効果を確認するためには、実験（テスト）をします。その理由は、効果があるか、不明な部分が多いからです。

　もしもですが、試作品が作れない作品は、苦手なテーマ「科目」にチャレンジしているのです。

　それでも、チャレンジしたいときは、時間がかかります。

　答え（問題の解決方法）が見つかるまで、○○の作品の分野の学習をしなければいけないからです。

　自信作の試作品を目の前で見せられると〝なるほど〟これは、本当に素晴らしい。……、と納得します。また、すぐに内容も理解できます。

●思いつき・ヒラメキを形にすることが大切

　自分の思いつき・ヒラメキを実際に形にすることはとても大切です。

　そこで、試作品を作って本当に使いやすいか確認してみることです。

　それから本当の試行錯誤がはじまるのです。

　こうしたさまざまな困難、課題をどのような形で乗り越えるのか。

　それで、試行錯誤をくりかえします。

　そして、それを乗り越えて、はじめて完成度の高い作品が完成するのです。会社はそういった作品をまっています。

　だって、会社は利益を追求しています。したがって、完成度の高い作品を希望するのです。だから、生半可なことでは、○○の作品を製品に結びつけてくれないのです。

《まとめ》

　会社は、完成度の高い作品をまっています。

　会社は、利益を追求します。

　だから、完成品を要求するのです。

　したがって、生半可なことでは製品に結びつけてくれません。

6．未完成の作品の出願をあせってはいけない

●○○の作品は新しいか、先行技術（先願）を調べることが先

　特許（発明）、意匠（デザイン）の○○の作品を創作したとき、その時点で、すぐに、特許、意匠に出願するのですか（？）

　日本は、先願主義です。だから、特許（発明）の法律書を読む限りでは、一日も早く「特許庁」に出願することが大切です。……、と書いています。それが原則です。

　では、いつ、出願するのですか（？）

　……、といった問題は、むずかしい質問だと思います。

　多くの発明家も、会社の知的財産権の担当者も、一番悩む問題です。

　とくに、初歩の発明家はたくさんの作品のヒントを抱えています。

　だから、一日も早く「特許願」の出願をしなければ、他の人（第三者）にマネされて作られてしまうのではないかと悩み考えます。

　それで、作品の売り込み（プレゼン）もしません。

　どうしようと悩んでいるだけです。しかも、まだ、特許（発明）の学習をしていないので自分では書類が書けないのです。

　それでは、「特許庁（東京都千代田区霞が関3-4-3）」に出願もできません。

●先行技術（先願）の調べ方がわからない

　また、自分の作品と同じ内容のものが前にあったかどうかもわからないのです。「特許庁」の「特許情報プラットフォーム（J-PlatPat）」で、先行技術（先願）を調べる方法もわかりません。

　だから、その作品が権利になるかどうかの判断ができないのです。

　……、その結果、上手に交通整理もできないのです。

　何もしていないのに、この時点で、だれでも自分の作品は立派で素晴らしいものだ！　と思い込んでいます。

　試作品も作っていません。実験（テスト）をして、効果も確認していません。……、いまの状態は、残念だけど○○の作品は、完成させる途

中です。まだ、何もしていないのです。

　それでも、本人は、そういうことは全然関係ないのです。とにかく、一日でも早く出願したいのです。それも、また、人情です。気持ちも良くわかります。

　それで、考え、悩み、……、その結果を出します。その答えが、何十万円も、費用をかけて出願することです。

　そのとき、発明家は、……、少しの期間考えます。そして、やはり高いと思うのでしょう。すると、ここで、また、どうしよう。……、と悩んでしまうのです。

　そういうときは、ここで少し休憩してください。

●すでに前にあったもので、新しい作品でないことが多い
◆「説明図（図面）」

　特許（発明）の学習をスタートしたばかりのころ、思いつき・ヒラメキの作品が、先に出願されている（先行技術がある）ケースが多いのです。

　たとえば、包丁の作品です。「波状の凹凸部を付けた包丁」、「小穴を付けた包丁」、「栓抜きを付けた包丁」などです。

　大部分がすでに前にあったもので、新しい作品でないケースが多いということです。そのことを知らないのです。それで、大切な時間、お金をかけてしまうのです。もったいないはなしです。

《まとめ》
　これは、素晴らしい作品だ（!?）と思ったら、まず、発明団体の相談コーナーでみてもらうことです。あるいは、日曜発明学校に参加して気軽に相談してみることです。

7．日本は「先願主義」だけど、出願を急ぐことはない

●「特許願」を書いて「特許庁」に手続きの準備をしよう
　新しい作品を考えたとき、製品に結びつけるためのプロセスを一緒に考えてみましょう。
◆新しい製品を開発するときのプロセス

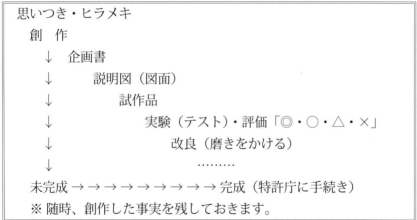

□創作
　創作するテーマ「科目」は、知識が豊富で、大好きで、得意な分野の中から選びます。
　〇〇の製品の不便を解決します。改良したときは、スタートラインです。製品に結びつけるための準備です。
□企画書
　新しい製品を開発するときは、最初は、〇〇の作品の「企画書」を作ることからスタートします。それが一般的です。それで、「企画書」の

内容を確認します。
□説明図（図面）
　「企画書」がOKであれば、「試作品」を作れるように、「説明図（図面）」を描きます。
　そのとき、「特許願」の書類を書いて、「特許庁（東京都千代田区霞が関3-4-3）」に手続きの準備も同時にすすめます。
□試作品
　次は、「試作品」を作ります。それも手作りで大丈夫です。
　ここでも、ムリをしてお金を使ってはいけません。
　自分で試作品が作れないときは、詳細に描いた説明図（図面）を付けて、第一志望の会社に手紙で売り込み（プレゼン）をするのです。
　本当に気に入ってくれたら、「試作品」は、会社で作ってくれます。
　売り込み（プレゼン）をするときは、特許出願中（PAT．P）と書きましょう。
□実験（テスト）
　試作品ができたら、「実験（テスト）」をしてください。
　使いやすくなったか、効果を確認します。そのとき、評価「◎・○・△・×」を付けて、各種データを取っておくのです。
□改良（磨きをかける）
　実験（テスト）の結果が良くなかったら、どうすればいいですか。
　不具合なところは、さらに改良を加えるのです。そして、磨（みが）きをかけてください。
　○○の作品の完成度を高めるとき、このくりかえしの作業が大切です。
　そして、多くの人に受け入れられるようにまとめましょう。
□完成（特許庁に手続きをする）
　これで、OKというときに、準備をしておいた書類をもう一度みなおしてください。それから、「特許庁」に手続きをしてください。
　これが、製品を開発するときのプロセスです。
　未完成の作品を完成させるまでのプロセスは、恋愛から結婚をするまでのプロセスとよく似ています。

●**一日も早く未完成の作品を完成させよう**

　作品の着想から、製品に結びつくメドがつかめる（完成する）までに時間を要するケースが多いようです。

　だから、○○の作品に関連した情報をたくさん集めて、1日も早く未完成の○○の作品を完成させることです。

　恋愛だと、相手のことを「好き」と意識して、彼女(彼)に〝好き〟といっただけです。その後、何もしなければ、数カ月後、あるいは、数年後に○○さんと結婚しました。……、といわれても何もいえません。

　私（中本）は、未完成の作品の手続きを急ぐより、作品の完成度を高めることが先だ！　と思っています。

●**未完成のままで、「特許庁」に手続きをすると、どうなるか**

　たとえば、近い将来、次のような問題がおこります。

　急いで手続きをしてから、○○の作品の内容が気になり、さまざまな角度から検討しました。

　その結果、改めて説明図（図面）を描き、試作品を作り、改良することになりました。

　すると、手続きをしたときの内容より、さらに素晴らしい作品になりました。その間に、改良を随時加えました。

　最初のときと、外形も、構造（しくみ）もかわりました。

　いい結果がでました。

□**出願をしたあと、「特許願」の内容は、訂正ができないのか**

　1年後、2年後に、○○の作品の内容を追加して、訂正（補正）したいと思っています。大丈夫でしょうか。

　手続き上の制限があります。

　図面を変更したり、内容を追加することは、要旨の変更（内容の変更）になります。その結果、訂正（補正）ができません。

　……、作品の完成度を高めたのに残念です。

□**外国にも出願をしたい**

　また、○○の作品を考えたとき、内容の保護のしかたが国々によって

多少違います。でも、だから、といって、手軽に外国にも出願をすることは大変です。

　……、一番の問題は、お金（諸費用）がかかることです。

　ここで、大切になるのが○○の作品を考えたときの日付（○○年○月○○日）です。その事実を、随時残しておくことです。

　それを証明できるように、「公証役場」、「郵便局の郵便切手の日付印（消印）」を活用する人もいます。

●先発明主義・先願主義・先使用権
□①先発明主義

　先発明主義は、一番先に作品を考えた人に権利をあげましょう。……、といった考え方です。

□②先願主義

　先願主義は、特許（発明）、意匠（デザイン）を創作したとき、○○の作品の内容を書類にまとめて、一番先に「特許庁」に手続きをした人に権利をあげましょう。……、といった考え方です。

　日本は、「先願主義」です。

□③先使用権

　○○の作品を先に創作した人には、先に使用する権利「先使用権」があります。

　そのとき、○○の作品は、○○年○月○○日に創作しました。

　……、といえるように、創作した事実を残しておかないと、先に使用する権利「先使用権」があるのに、○○の作品を作れなくなってしまうこともあります。

　そんなことになったら、会社は大変です。その結果、研究費をムダ、人件費をムダにします。いままでの努力がすべてムダになります。

　ただ、先使用権を主張するためには、発明者がすでに○○の作品の実施をするために準備をしていた。

　……、ということを明らかにしておくことが必要です。

　そこで、○○の作品の書類をまとめるときは、たとえば、○○の作品

を実施するために友人と出資しあって任意団体をつくりました。
……、といったように、最初に、詳しく書いておくことが大切です。

《ポイント》
□量産するための準備をして、説明図（図面）を描いて、試作品も作りました。
□実験（テスト）をして、各種データも取っています。
□市場調査もしました。
□生産するための試作品（モデル）も作りました。
□販売用のパンフレットも作りました。
□包装用のパッケージも作りました。
　……、といった内容のことです。
※ＰＡＴ．Ｐ（patent pending）：特許出願中という意味です。

8．作品の製品化・権利化の流れ

| 身の回りで、不便（問題点）を感じたらメモを取りましょう。テーマ「科目」は、知識が豊富で得意な分野を選びましょう。 |

| 課題を解決するために考えた、形状、構造などのポイントを説明図（図面）に描いて具体化しましょう。 |

| 手作りで試作品を作り、実験（テスト）をしましょう。使いやすいか効果（結果）が確認できます。 |

| 「研究ノート（ＭＥＭＯ）」を作り、○○の作品の創作をした事実を残しておきましょう。 |

| 自分の力で、手作りで、「特許願」の書類を作り、出願の準備をしておきましょう。 |

↓

| 第一志望の会社に売り込み（プレゼン）をするための作品の説明図（図面）をわかりやすく描き、作品の内容を約 400 ～ 600 字に要約し、手紙を書き、売り込み（プレゼン）をしましょう。 |

↓

| お断り「NO」の返事がきたら、さらに、試作品を改良し、再度、会社に売り込み（プレゼン）をしましょう。 |

↓

| 会社からの反応で、作品の内容をさらに具体化しましょう。 |

↓

| 「特許庁」に、○○の作品を書類にまとめて、特許（発明）、意匠（デザイン）などを「特許庁」に出願しましょう。 |

↓

| 契約の交渉
①「契約金」……30 ～ 100 万円くらいです。
②「ロイヤリティ（特許の実施料）」……卸価格の 2 ～ 5％くらいです。 |

9．確実に製品にできるように小さな「目標」を決める

●第一歩は、気軽に

　ちょっとした思いつき・ヒラメキを、効率良く新しい作品にまとめる方法、製品に結びつける方法を紹介しましょう。
「入門編・基礎編・実務編」に分けて説明します。
　大切なのは、最初から、"一攫千金"を狙うぞ！　……、と意気込むのではなく、第一歩は、○○の作品を確実に製品にできるように小さな「目標」を決めて、気軽にふみ出すことです。

●入門編
□①日常生活の中に"不便"がある

不平・不満は、新しい作品を生むための源泉です。日常の不快なできごとを解決するグッズこそ製品に結びつく予備軍です。
　そこで"チェッ"と舌打ちしたときが、新しい作品が生まれる第一歩だ、と思ってください。
☐②小マメにメモを取る
　その次に大切なことがあります。それは、この日常生活の中で、不快なことがあったとき、メモを取る習慣をつけることです。
　そのメモの中から知識が豊富で、自分の力で、構造上の欠点、使い方などの課題を解決できるテーマ「科目」をピックアップするのです。そして、不快なことを解決する方法を考えます。
　○○の作品が製品になった人は、ふと思いついた作品は、必ずメモを取っていた。……、と口ぐせのようにいいます。
　それは、前に書いたメモがヒントになるからです。次の新しい作品のヒントが見つかるからです。
　そのためにも丁寧（ていねい）な文字で、しかも、説明面（イラスト、スケッチ）と文章できちんと書きとめておくことが大切です。
☐③新しい作品を考えることは、やさしくて、楽しいと考えよう
　新しい作品を考えることは、やさしくて、楽しい。……、と考えることが大切です。
　最初から、新しい作品を考えることは、むずかしくて大変だ！
　……、と思っていると新しい作品は生まれません。
　また、製品に結びつけるためにガマンをして頭をひねっていても、素晴らしい作品は浮かびません。
　人を好きになると、毎日、ワクワク、ドキドキが体験できて、楽しくなります。また、恋愛は、だれも教えなくても、上手にできるようになると思います（!?）
　恋愛と同じように、特許（発明）も楽しむ気持ちの余裕が大切です。

●基礎編
☐①物品の組み合わせ「A＋B＝C」

「A＋B」は、「A：鉛筆＋B：消しゴム」を組み合わせて、「C：消しゴムを付けた鉛筆」が生まれました。

このようにあなたの身の周りにあるものなら何でも結構です。

そこで、最初は、「A：○○」と「B：○○」の物品の組み合わせを体験してください。

たとえば、「A：包丁」と「B：栓抜き」を組み合わせてみました。

◆「説明図（図面）」

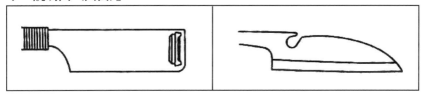

そのとき、注意していただきたいことがあります。

それは、最初から、「A＋B＝C」は、ムリだ！ ……、とすぐに結論を出さないでください。……、ということです。

□②部分的に取りかえてみたらどうなるか

モノの一部分に変化をつけて、かえてみたらどうなるか。……、と考えることです。たとえば、形、色、音、動きなどに違ったものを組み合わせてください。

円形のバケツをハートの形にして、ヒット商品になった例もあります。

◆「説明図（図面）」

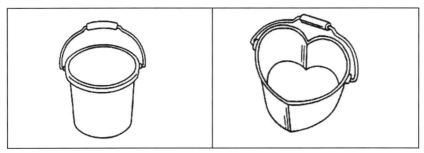

□③形を大きくしたらどうなるか

"発想力"を高める方法として、有効的なのがすでに製品になっている作品を少しアレンジしていくやり方です。

あなたが、いま、使っている○○の商品でも結構です。

そこで、最初は、物品の形状を大きくしたらどうなるか。

……、と考えるのです。

たとえば、カップを大きくしたら遊園地の乗り物としてカップの形の遊戯具ができました。

このように、ここで、みなさんも、1つか、2つ、○○の商品の軽薄短小を重厚長大「□軽→重、□薄→厚、□短→長、□小→大」にしたらどうなるか。……、と作品の見方を少しだけかえてみてください。

そうすると、製品に結びつく作品が生まれます。

●実務編
□①作品に類似した内容の情報を集める

次は、○○の作品に関連した商品のチェックをすることです。

これまでに製品に結びついている商品と類似した内容の情報を集めることです。

デパート、スーパー、量販店などの発明品の売り場にはじまり、「特許庁（東京都千代田区霞が関3-4-3）」の「特許情報プラットフォーム（J-PlatPat）」などであらゆる情報を集めることです。

先行技術（先願）の資料ができます。

すでに、同じような作品が出願されているかもしれません。

情報がたくさんあれば出願料をムダにしなくてすみます。

○○の作品が製品に結びつく可能性もあります。

□②○○の作品に類似した商品の長所、欠点をまとめる

情報の収集をしているうちに、すでに出願されているケースもあります。また、同じような作品が製品に結びついていることもあります。

そういうとき、なげくことはありません。

それでも、あなたと同じ考えの作品が製品に結びついていた。

……、ということは、作品の考え方、方向性が間違っていない。

……、といった証明になります。

次は、その類似した商品の長所、欠点を表にまとめてみてください。

それを、さらに検討してください。
そうすると新たな作品のテーマ「科目」を見つけることもできます。

10. ヒントになる情報が集まる
　　「特許情報プラットフォーム（J-PlatPat）」

●先行技術のチェックができる「特許情報プラットフォーム」
　○○の作品を創作しました。または、○○の商品（または、役務）の名前を（ネーミング、または、サービスマーク）を考えました。
　そのとき、出願がムダにならないように、先行技術（先願）がないか、登録になっていないか、「特許庁」の「特許情報プラットフォーム（J-PlatPat）」で、チェックすることが必要です。
　「特許情報プラットフォーム（J-PlatPat）」には、初心者向けに、「簡易検索」があります。特許の先行技術（先願）をチェックしたいときは、検索対象を「特許・実用新案」にしてください。
□書類を書くときの参考書になる
　その中に同じような内容の先行技術（先願）が見つかります。
　それが、書類「明細書、特許請求の範囲、要約書」を書くときの参考書になります。
□「図面」を描くときの参考書になる
　「図面」の描き方、要部の名称の付け方、「符号の説明」の書き方、困っていませんか。その公報が図面の描き方の参考書になります。
□第一志望の会社も見つかる
　売り込み（プレゼン）をしたい第一志望の会社、決めていますか。
　情報を調べているとき、第一志望の会社も見つかりますよ。
　関連した情報がたくさん集まります。その情報を整理してください。
　そうすれば、効率良く、作品を製品に結びつけることができます。

● 「特許・実用新案の検索」を体験してみよう
□ たとえば、「室内用の履物」について、調べたいとき
　「特許情報プラットフォーム（J-PlatPat）」の「簡易検索」を開きます。検索対象を「○ 特許・実用新案」にしてください。
　キーワード入力欄に、「履物　室内」と入力し、「検索」をクリックしてください。「履物　室内」に関する情報が見つかります。
　「検索結果一覧」が表示されます。「文献番号」が表示されます。
　「文献番号」をクリックしてください。すると、文献が表示されます。
　文献の内容が確認できます。

● 「商標の検索」を体験してみよう
□ たとえば、「とりあえず」の商標（ネーミング）が登録になっていないか、調べたいとき
　「特許情報プラットフォーム（J-PlatPat）」の「簡易検索」を開きます。検索対象を「○ 商標」にしてください。
　キーワード入力欄に、「とりあえず」と入力し、「検索」をクリックしてください。「とりあえず」に関する情報が見つかります。
　「検索結果一覧」が表示されます。「文献番号」が表示されます。
　「文献番号」をクリックしてください。すると、文献が表示されます。
　文献の内容が確認できます。調べ方が不安なときは、気軽に相談してください。パソコンを使いながら、一緒に学習しましょう。
※ J-PlatPat：Japan Platform for Patent Information（特許情報プラットフォーム）

11. "思いつき・ヒラメキ"は、作品を完成させる途中

● 作品を完成させるための練習が必要
　思いつき・ヒラメキの作品のままでは、製品に結びつきません。
　理由は、作品が未完成だからです。

第1章　思いつき・ヒラメキを お金にしたい

　そこで、作品を完成させるために、手作りで試作品を作り、実験（テスト）をして、効果を確認します。不具合なところは、改良をくりかえして、完成度を高めます。
　中途半端な状態の作品は、だれも買ってくれません。
　だから、未完成の作品をすぐに特許（発明）、意匠（デザイン）に出願してはいけないのです。
　一日も早く、特許（発明）などの出願をしたい気持ちは本当に良くわかりますよ。
　でも、思いつき・ヒラメキの作品のままでは製品に結びつきません。
　そこで、とりあえず、私は○○の作品を○○年○月○日に創作しました。……、といえるように創作した事実を残しておくのです。
　スポーツでも、カラオケでも、好きな人は、さらに、上手になりたい。……、と思っています。だから、秘かに練習をします。
　それと同じことです。その間に自分の"創作力""創造力"を養ってください。そうすれば未完成の作品は、すぐに完成します。

●**作品を完成させて、それから、特許か、意匠に出願する**
　○○の作品を完成させてください。それから、特許（発明）、意匠（デザイン）などの産業財産権を利用すればいいのです。
　気持ちは良くわかりますが、そんなに心配しなくても大丈夫です。その方が経済的で長続きする戦略です。
　それは、恋をして、○○さん"大好き"と告白したときと同じ気持ちだと思います。でも、勇気を出して告白したつもりが"片思い"で終わってしまうケースもあります。
　だから、……、というわけではありませんが、特許（発明）、意匠（デザイン）などの出願もそうですよ。
　「出願＝製品」ではないのです。だから、急いで出願するより、○○の作品、特許出願中（ＰＡＴ．Ｐ）です。……、と書いて、第一志望の会社に売り込み（プレゼン）をしてみることです。
　製品に結びつくか、可能性がチェックできます。

●売り込み（プレゼン）の体験

　日曜発明学校の先生は、生徒さんを指導するとき、次の点に気を付けてください。

　多くの先生は、生徒さんの素晴らしい作品（!?）を前にして、ここが悪い、あそこが良くない。

　……、とつい、その欠点（問題点）を指摘します。

　しかし、生徒さんは、自分の○○の作品に自信満々です。そういうときに苦言を受け入れるハズがないのです。

　そういうときは、第一志望の会社に自分で手紙を書いて売り込み（プレゼン）の体験をさせることです。

　……、それで、なるほど、世間は、そう甘くはないなあー。やはり、そうか。……、といったことを自分で体験をさせましょう。

　それが生徒さんを一番早く納得させる方法です。

《まとめ》

　面と向かって叱ると気の弱い生徒さんは、うぬぼれ、自信の鼻を折られてしまい、次の○○の作品の創作ができなくなります。

　これは"発想力"の芽を摘むことになり、日曜発明学校の先生の一番下手な指導方法です。

　考えてください。天才を育てるわけではないのです。凡人を育てるのです。そうですよ。いつも育てるとき水をかけます。陽に当てます。そして、自信をもたせることです。

　日曜発明学校の場所、資料が必要なときは、お手数ですが本書を読んだと書いて、〒162-0055 東京都新宿区余丁町7番1号（一社）発明学会「日曜発明学校」中本 繁実 あて、返信用切手82円×8枚を同封し請求してください。

　「発明ライフ・入門（定価500円）」をプレゼントいたします。

12. 個人の発明家と企業の創作活動は違う

●一人で、○○の作品の課題（問題点）を解決できるか

　特許（発明）というのは、単なる思いつき・ヒラメキではありません。
　○○の作品のテーマ（科目）の構造上の欠点、使い方などの課題を技術的に解決する手段が特許（発明）です。
　……、と特許法に書いています。

□○○の知識がないのにチャレンジしても、**構造の説明ができない**

　題材：携帯電話、スマートフォン

　たとえば、携帯電話、スマートフォンは、身近なものです。……、といって電子回路、通信工学を知らない人が携帯電話、スマートフォンの改良特許（発明）にチャレンジした。……、としましょう。

　その一例として、紹介したいのが、いまいる場所がすぐにわかるカメラ付きの携帯電話、スマートフォンの作品です。

　子どもが一人で外出して、迷子になっても回りの状況を写してくれると、どこにいるか場所がわかります。だから、安心です。便利です。……、といった内容です。

　ウン、なるほど、……、と感心できる作品ですよね。

　ここまではいいと思います。ところが、そのあとが問題です。

□何が問題になるか

　すぐに、携帯電話、スマートフォンの内部の構造（しくみ）をどうするのか（？）……、といった問題にぶつかってしまうからです。

　ところが、電子回路、携帯電話、スマートフォンの本体の内部の構造について、知識がなければ、その構造の説明ができません。

　一番大切なところが説明できないのです。

「課題を解決するための手段」＝「特許請求の範囲」が特許（発明）の権利です。だから、その構造の説明ができなければ、課題を解決した。……、といえない。……、ということです。

　したがって、特許（発明）は、思いつき・ヒラメキだけではいけないのです。

●その分野の知識が必要
□小学生に因数分解の問題を出題しても、解き方がわからない
　たとえば、小学生に因数分解の問題を出題しても、まだ、学習をしていません。……、解き方がわかりません。答えが出せないわけです。
　特許（発明）は、その答えの出し方です。
　知らない分野に興味があっても、答えが出ません。
　そういった状況の中で、自分の力で、答えを出したいときは、そのもとになる基礎から学習することが必要です。
　何年もかかりますよ。それでもいいですか。
　そこで、□その技術の分野について得意か、□いままで、どのくらいの技術の知識と体験があるか、□手作りで試作品が作れるか、□実験（テスト）ができるか、□どのくらいの時間がかけられるか。……、そういったところを考えて作品のテーマ「科目」を選ぶことです。

●企業では、○○の分野の技術者がそれぞれ担当する
□企業（会社）の創作活動…作品を数人（グループ）でまとめる
　企業（会社）の改善、提案活動のときは、提案するだけで、その技術の分野の技術者が内容などについて、技術的に問題がないかどうか、製品に結びつく可能性があるか。……、どうかなどのチェックをしてくれます。
　いろんな分野の技術者の人が作業を分担するわけです。
□個人の発明家の創作活動…作品を一人でまとめる
　個人の創作活動は、○○の作品の発想から課題の解決までを一人でまとめなければならないのです。
　この点を間違わないようにお願いします。
□得意な技術の分野に取り組めば、答えは見つかる
　したがって、趣味としての作品の製品に結びつけるためには、自分の力よりも少しでいいです。レベルを下げるのです。そして、身近で、手作りで試作品が作れるものの中からテーマ「科目」を選ぶのです。
　得意な技術の分野に取り組めば創作することは楽しいし、夢もふくら

み○○の作品は製品に結びつきます。
□**不得意で、むずかしい課題では答えが見つからない**
　得意な技術の分野にチャレンジしないと、いつまでたっても課題の答えは見つかりません。情報を集めて、整理するのに時間がかかりすぎるのです。
　それでは、特許（発明）することさえいやになってしまいます。
　ここが、会社の改善、提案活動と個人の発明家の創作活動と大きく違うところです。

13. 権利化の可能性の判断、市場調査も大切

　次の質問の内容は特許（発明）の学習をスタートしたばかりの人たちから良く相談を受ける疑問点です。また、同時におきてくる心配事です。
　紹介しましょう。参考にしてください。

《疑問点》
□①○○の作品は、特許(発明)、意匠(デザイン)の権利が取れますか(？)
□②「特許願」の書類は、何を見れば書けるようになりますか（？）
□③「特許願」の書類は、どうすれば書けますか（？）
□④作品の売り込み（プレゼン）は、どんな会社に売り込み（プレゼン）をすればいいのですか（？）
□⑤同時に２～３社から買いたい。……、といってきたらどうすればいいですか（？）

　これらの疑問を解くテクニックを知るのと、知らないのとでは、近い将来「ロイヤリティ（特許の実施料）」生活ができるか、どうかの大きな差になります。つい、この間も、こんな相談がありました。
　私は、○○の作品を考えて、第一志望の会社に売り込み（プレゼン）をしました。すると買ってもいい、ということではなしが進んでいます。

ところが、そうなると次のことが心配で、はなしを進められず困っています。
そこで、どのように対応したらいいかご指導をお願いいたします。

《心配なこと》
□①私の作品は、まだ、特許出願中（ＰＡＴ．Ｐ）で、公開もされていません。それで売ってもいいのですか（？）
□②第一志望の会社が買いとったあとで、先行技術（先願）が見つかったらどうなるのでしょうか（？）
□③先行技術（先願）は、どうすれば調べられますか（？）
□④作品を売ってしまうときには、どんな手続きが必要ですか（？）
□⑤「契約書」の書き方がわかりません。
……、だいたい以上のような内容のことです。

新しい作品を考えて、社会に役に立ちたい、製品に結びつけてお金を儲けたい、……、と思って一生懸命にやってきました。
しかし、それが現実になって目の前にあらわれたとき、願望がかなえられた喜びと一緒に、本当かなあー、これでいいのかなあー、大丈夫でしょうか（？）……、と心配、疑問が押し寄せてきます。
それが初めて経験する実感です。
先行技術（先願）の調査もせずに製品にしてしまうと受け入れる側（会社）にも同じように心配、疑問が押し寄せてきます。
この作品は、面白い。この作品は、売れそうだ！
……、と簡単に買い取りました。
それで、先行技術（先願）の調査もせずに作品を製品に結びつけて売り出したとたんに、それは、私（当社）の権利を侵害しています。
……、と文句を付けられる例もあります。
したがって、作品を製品にするときは、先行技術（先願）の有、無、権利化の可能性の判断、契約条件の取り決めなど、市場調査とともに重要なポイントとして忘れることはできないのです。

14. 産業財産権（工業所有権）とは何か

●産業財産権「特許法、実用新案法、意匠法、商標法」
　産業財産権は、特許（発明）、実用新案（考案）などを財産として保護する制度です。
　具体的には、「特許法、実用新案法、意匠法、商標法」の4法を含めたものです。
　明治18年(1885年)　4月18日に専売特許条例が公布されました。
　この法律ができた日を記念して、4月18日が「発明の日」になっています。

15. 発明とは何か

●発明の意味
「発明」を、辞書でひくと、いままでになかった新しいことを考え出すこと、……、と書いてあります。

●発明とは何か（第2条）
　発明とは、自然法則を利用した技術的思想の創作のうち高度のものをいいます。

●自然法則を利用することが発明
　たとえば、袋に石を入れて、糸を付けて回転させます。
　その石は、中心から遠ざかろうとします。
　これを「遠心力」といいます。これは、だれが、いつ、どこでやっても同じです。
　この「遠心力」も「自然法則」の一つです。
　この自然法則を利用することが発明です。

●遠心分離機（脱水機）の発明

　自然法則を上手く利用して生まれたのが、「遠心分離機（脱水機）」の発明です。
　水にぬれた洗濯物を脱水機の金網の中に入れます。
　高速回転させます。
　すると、洗濯物も、水も、中心から遠ざかろうとします。
　ところが、洗濯物は金網にさえぎられて止まりますが、水はこの網の孔から飛び出します。
　だから、洗濯物と水が分かれて脱水ができるのです。

16. 産業財産権と著作権

　ここで、「知的財産権〔無体財産権〕＝産業財産権＋著作権」をまとめてみましょう。

●知的財産権〔無体財産権〕
◆「知的財産権」＝「産業財産権＋著作権」

知的財産権	産業財産権	□ 特許（発明）　パテント Patent □ 実用新案（考案）　utility model □ 意匠（デザイン）　design □ 商標（ネーミング、サービスマーク） 　　　　　　　　　registered trademark
	著作権　コピーライト Copyright	

●産業財産権（工業所有権）
　産業財産権は、工業的なものを保護します。
「特許庁（〒100-8915 東京都千代田区霞が関 3-4-3 特許庁長官 殿）」に出願の手続きが必要です。
□①特許（発明）

物の発明、方法の発明を保護します。

権利期間は、出願の日から 20 年です。

医薬品の一部の分野では、延長登録出願により存続期間は、5 年を限度として延長することができます。

□②**実用新案（考案）**

物品の形状、構造、組み合わせの考案を保護します。

権利期間は、出願の日から 10 年です。

□③**意匠（デザイン）**

物品の形状、模様、色彩などのデザインを保護します。

権利期間は、設定の登録の日から 20 年です。

□④**商標（ネーミング、サービスマーク）**

文字、図形、記号、立体的形状の商標を保護します。

権利期間は、設定の登録の日から 10 年です。

一定の要件を満たせば、商標権だけは、存続期間の更新登録の申請をすれば、何回でも期間の更新をすることができます。

それで、商標権は「永久権」ともいわれています。

●**著作権**

著作物の定義（第 2 条）

著作物とは、思想、または、感情を創作的に表現したものであって、文芸、学術、美術、または、音楽の範囲に属するものをいいます。

「著作権」は、「産業財産権」と同じ「無体財産権」です。

ただし、著作権は、特許（発明）、意匠（デザイン）のように、出願をして、審査をして、登録、といった手続きをしなくても権利は、公表したときに自然に権利が発生します。

特許（発明）、意匠（デザイン）などの産業財産権は、「登録主義」です。「特許庁」に手続きをします。

著作権は、「無登録主義」です。

権利期間は、本人の死後 50 年です。映画は、公表後 70 年です。

知的財産権を守る、その他の法律には、不正競争防止法などがあります。この中で、大きなウエイトを占めているのが産業財産権です。

17. 産業財産権の保護の対象は何か

●産業財産権（工業所有権）

産業財産権とは、「特許、実用新案、意匠、商標」といった別々の法律で定められたものの総称です。

それぞれ、法律の内容は、
□何が保護の対象になるのか。
□どのような手続きをすれば登録になるのか。
□権利の内容はどういうものか。
……、といったことを定めています。

●特許の要件（第29条）

産業上利用することができる発明を保護するものは、新規性と進歩性などがあるものが特許として登録されます。

●実用新案登録の要件（第3条）

産業上利用することができる考案で、物品の形状、構造、または、組み合わせに関するものに限られます。

物品でない製造方法などは含まれません。

新規性、進歩性についても特許と同じですが、進歩性については、特許ほど程度が高くなくてもいいことになっています。

この点が「特許（発明）」と「実用新案（考案）」の違いです。

●意匠登録の要件（第3条）

工業上利用することができる意匠を保護するもので、物品の形状、模様、色彩、物品の外観で美感のあるもの、と書いてあります。

新規性と創作性が要求されます。

●商標登録の要件（第3条）

自分の業務に係る商品や役務（サービス）に使用するマークで、文字、図形、記号、立体的形状など、他の人（第三者）の商品や役務と区別す

ることができる顕著性をそなえているもの、と書いてあります。

　商標は、他の三法と異なり有用なものを考えた、というのでなく、商品や役務を区別する目印になるマーク「文字、図形、記号、立体的形状」を登録するので、新規性がなくても大丈夫です。

　平成27年4月に商標制度の改正があり、音の商標（音楽、音声、自然音からなる商標）、動く商標（図形が時間によって変化している商標）、ホログラムの商標（クレジットの偽装防止、製品に貼るホログラム）、色彩のみの商標（色彩のみからなる）、位置の商標（図形などの標章と、その付される位置によって構成される商標）の権利が取れるようになりました。

第2章
思いつき・ヒラメキを
特許に出願したい

★ 思いつき・ヒラメキが"一攫千金"になるヒント

●初恋ダイエットスリッパ

　肥満に悩んでいたＮさんは、足のかかとを浮かして歩く"つま先立ち健康法"をヒントに"初恋ダイエットスリッパ"を考えました。

　姿勢が良くなり、足腰の筋肉が引き締まる"つま先立ち"は、実際にはじめると10分と続きません。それをなんとか続ける方法を考えるうちに、毎日履くスリッパに注目しました。

　スリッパの後ろを半分に折り畳んで高くしたのです。そうすると、つま先立ちが強制されるというわけです。

　これを原型としながら"履き心地やかかとの高さを調整するために、何足も履きつぶして"試作を続けて自分でも試してみた。すると、3年たった頃には、体重が10kg減ったといいます。

　自信を得たＮさんは、発明展に出品して入選。その後、会社を設立し、個人で事業をはじめた。1カ月に約2万5千足売れるようになり、年間の売り上げは、約5億円にも上がるそうです。

　効果があったと、手紙などで感謝の声を聞くと、Ｎさんは、本当に嬉しい。……、といっています。

1．お金をかけないで、3時間で書ける「特許願」

　本書と出合って、身の周りのことが、いろいろ気になるようになったでしょう。また、毎日、「ワクワク」、「ドキドキ」を体験するようになったでしょう。
　その中から、得意なものをテーマ「科目」に選んでください。
　ここで"目標"を決めます。
　そのとき、やっていただきたいことがあります。
□①○○の作品に関連した情報のチェックをする
　それは、先行技術（先願）がないか、「特許庁」の「特許情報プラットフォーム（J-PlatPat）」で、あなたの○○の作品に関連した情報のチェックをすることです。
□②試作品を作り、実験（テスト）をして、完成度を高める
　その次にやっていただきたいことがあります。説明図（図面）を描いて、手作りで試作品を作ることです。その後、実験（テスト）をしてください。効果が確認できます。
　不具合な部分が見つかったら改良してください。
□③「【書類名】　特許願」の書類も一緒にまとめる
　○○の作品の完成度を高めながら、「【書類名】　特許願」の書類も一緒にまとめてください。内容がまとまったら、今度は、目標の第一志望の会社に売り込み（プレゼン）をしましょう。すると、○○の作品、製品にしましょう。……、と書いた嬉しいお便りがくるようになります。
□④「特許庁」に手続きをしよう
　ここで、「特許庁（〒100-8915　東京都千代田区霞が関3-4-3)」に手続きが必要です。「【書類名】　特許願」の書類の書き方を、一緒に学習しましょう。気軽に相談してください。事務的に処理しませんよ。親身になってお手伝いします。あなたと同じ立場になって応援します。
　「【書類名】　特許願」の書類は、指定の用紙、形式が決まっています。
　それにあてはめて書くだけです。だから、簡単です。心配しなくても大丈夫です。だれでも書けるようになります。

第2章 思いつき・ヒラメキを 特許に出願したい

　費用は、出願料（14,000円・特許印紙代）だけで、「特許庁」に手続きができます。
　たとえば、ラブレターを書くときのように、相手の感情を考えたりしなくても大丈夫です。
　○○の作品の創作した事実を形式とおりに書類に書くだけです。
　だから、書類に書くのは、ラブレターよりもやさしい。……、と私（中本）はいっています。
　下図は、「特許印紙」の見本「みほん」です。
　……、10,000円、5,000円、1,000円、……、など、数種類あります。
　大きな郵便局（本局、集配局）で販売しています。
　たとえば、「10,000円＋1,000円×4枚＝14,000円」のように、「特許印紙」を組み合わせてください。

◆「特許印紙」の見本

「例．10,000円＋1,000円×4枚＝14,000円」

（14,000円）

　注．「特許印紙」は、「収入印紙」とは違います。
　　　買うときに間違わないようにしてください。

□①**特許の出願料**：14,000円です。
□②**特許の出願審査請求料**：「138,600円＋（請求項の数×4,000円）」です。
□③**電子化手数料**：「書類　1件」に付き、「1,200円＋700円（書類1枚）×書類の枚数」です。

2．「特許願」に必要な書類

「特許願」に必要な書類は、5つ（4つ）です。

① 願書	1		① 願書	1
② 明細書	1		② 明細書	1
③ 特許請求の範囲	1		③ 特許請求の範囲	1
④ 要約書	1		④ 要約書	1
⑤ 図面	1			

　数字の「1」は、「1通」という意味です。ページ数ではありません。
　書類の中で、「明細書」、「図面」は、数ページになることがあります。そのときでも、「明細書　1」、「図面　1」と書いてください。
　書類の枚数が、2枚、3枚になったときは、用紙の右上端にページ数を「－1－」、「－2－」、のように書いてください。
　特許は、作品の内容が製法特許などの「方法の発明」もあります。
　たとえば、みなさんも良く知っている「雪見だいふく」です。
「雪見だいふく」は、製法特許（特許第1537351号）です。昭和56年に出願しています。
　製法などの特許「方法の発明」は、「図面」がなくても説明できるときもあります。そのときは、「図面」を添付しなくてもいいことになっています。

□①**用紙の大きさ**

　各書類の用紙の大きさは、A列4番「A4サイズ（横21cm、縦29.7cm) です。白紙を使います。用紙は縦長に使います。

□②**文字は、黒字で明確に書く**

　文字は、ワープロ、タイプ印書などの黒字で明確に書きます。

□③**活字の大きさは、10ポイントから12ポイント**

　活字の大きさは、10ポイントから12ポイントです。

□④**書き方は、左横書き**

　書き方は、左横書きにします。

□⑤**1行は、40字詰め、1ページは、50行以内**

1行は、40字詰めで書きます。1ページは、50行以内で書きます。「、」（てん）、「。」（まる）、「（　　）」（カッコ）、「1、2、3」（アラビア数字）、も1字分として使います。

□⑥半角文字、半角数字は使わない
　半角文字、半角数字は使ってはいけません。

□⑦すみつきかっこ「【　　】」
　各書類の項目、見出しは、すみつきかっこ「【　　】」を使います。
　たとえば、次のように、項目にすみつきかっこ「【　　】」を使ってください。【書類名】、【整理番号】、【提出日】のように書きます。
　「【　　】」の記号と「▲、▼」は、使える個所が決められています。
　書類の事例も一緒に参照してください。
　各書類とも、文章の抹消、訂正、重ね書き、および、行間挿入を行なうことはできません。
　本書で説明する各種、書類の形式が紙面の都合上規則（特許法施行規則）どおりになっていないので、あらかじめご了承ください。

メモ「MEMO」～ページ設定～

　パソコンのＷｏｒｄを使用するとき、「用紙、余白、文字数と行数」は、最初に「ページレイアウト」→「ページ設定」をしておくとあとは簡単です。

★ページ設定
・用紙サイズ：Ａ4（210×297㎜）　にします。
・余白
　　上　　20mm　　下　　20mm
　　左　　20mm　　右　　20mm
　にします。
・文字の方向：方向・横書きにします。
・文字数：文字数 40 にします。
・行数：行数 50 にします。

3.「特許願」の書き方
◆「説明図（図面）」

分解斜視図	斜視図

符号は、「1　鉛筆の軸、2　筒、3　消しゴム」です。

●例題：消しゴムを付けた鉛筆

　「特許願」の書類の書き方を、「消しゴムを付けた鉛筆」で説明してみましょう。
　中学校の英語の時間に習った、「This is a pen」は、何年たっても忘れませんよね。
　例題の「消しゴムを付けた鉛筆」は、「特許願」の書類の書き方の基本形です。
　この作品は、鉛筆の軸の一端に小さな消しゴムを取り付けた鉛筆です。→これが、【技術分野】です。
　いままで、鉛筆と消しゴムは、別々になっていました。→これが、【背景技術】です。
　この「消しゴムを付けた鉛筆」は、アメリカの画家ハイマンが考えた作品です。ハイマンは、売れない画家だったそうです。
　デッサンをしながらいつも消しゴムを探すのに苦労していたといいます。収入が少なくて、消しゴムを気軽に買えなかったのでしょう。
　それで、形が小さくなっても、消しゴムを大事に使っていたのです。
　（イ）従来、消しゴムは何度も使っていると、形状が小さくなるので使いにくかった。
　（ロ）その消しゴムが必要になったとき、形状が小さくなった消しゴ

ムは探しても見つからず、困ることが多かった。
　→これが、【発明が解決しようとする課題】です。
　ハイマンが考えたのが、鉛筆の軸（1）の一端に筒（2）を取り付け、前記筒（2）に消しゴム（3）を取り付け、前記鉛筆の軸（1）と前記消しゴム（3）を前記筒（2）で一体化する方法を考えたのです。
　そして、最初は、鉛筆の軸（1）に消しゴム（3）を糸で巻き付けてみました。ところが、消しゴムが安定しなくて使いにくいのです。
　その後、思考錯誤を繰り返し、その中で一番上手くできたのがブリキの小片で固定する方法でした。
　この作品は、以上のような構造です。
　この作品を使用するときは、鉛筆の軸と一体になったこの小さな消しゴムで鉛筆の軸を持って間違った文字などを消します。→これが、【発明を実施するための形態】です。
　以上の内容を「【書類名】　特許願」の書類を一緒にまとめてみましょう。本書では、「……です。……ます。」調で、説明をしていますが、特許庁に提出する「書類の書き方」は、「……である。」調なので、「……である。」調でまとめています。

●「特許願」、の「明細書」を書く前の予備知識
（1）「明細書」は、誕生日祝いの案内の手紙の書き方と同じ
　「【書類名】　明細書」は、特許（発明）の学習を始めたばかりの初心者が最も書きにくいといわれている書類です。
　ところが、実際に書いてみるとそんなにむずかしいことはありません。
　作品の内容がわかれば、それでいいからです。でも、初心者の人は、どのように、「書き出し」をどう書いていいのかわからなくて悩むと思います。
　それはちょうど、手紙を書いたことのない子どもに、親が「誕生祝いの案内の手紙」を書いてみて、……、というのと同じです。
　簡単には、書けないでしょう。
　そこで、親は、子どもに、次のように書き方を教えると思います。

はじめに「拝啓」と書きます。次は「時候見舞い」を書きます。
　それから「……、さてと、用件を詳しく書いて、まずはご案内まで、……」と書いてね。
　そして、最後に「敬具」と結ぶのよ。……、といったように「具体的な文の流れ」を教えると思います。これなら、手紙の書き方がわかるでしょう。すると、簡単に書けるようになると思います。
「【書類名】　特許願」の書類も、誕生祝いの案内の手紙と同じです。
　【発明者】が「特許庁（東京都千代田区霞が関3-4-3）」に出す手紙です。
　その書き方の順序、形式を知ると案外やさしいものです。

（2）「パターン」に合わせてまとめるだけでいい
　本書で紹介している事例を読んで、そのパターンに合わせてください。
　あなたの作品をそのパターンにあてはめて書けばいいのです。
　気を付けていただきたいことがあります。それは、なるべく詳しく書いておくのが大切だ、……、ということです。
□「出願審査請求書」
　その理由は、「【書類名】　特許願」の出願の日から3年以内に「出願審査請求書」を提出します。
□「特許査定（ＹＥＳ）」か、「拒絶理由通知（ＮＯ）」
　すると、後日、特許庁から「特許査定（ＹＥＳ）」という返事か、「拒絶理由通知（ＮＯ）」という返事がきます。
「拒絶理由通知」のときは、理由が書いてあります。その理由について説明すればいいのです。
　そのとき、理由に応じて、本文の中の文字、文章を取り除くことはできます。ところが、新たな文字、文章、図面を追加するということはむずかしいです。
　その理由は、出願したときの内容を変更するからです。
　そのことを「要旨の変更」といいます。
　図面も同じです。この点は注意してください。
　長々と書いて審査官には申し訳ないのですが、用紙を3枚、5枚使っ

て、できるだけ、詳しく書いておくのがいい、ということです。
　書いてさえあれば、それから引き出して、後日「発明の構造」、「発明の効果」を並べることもできるし、いろいろと理屈も付けられます。
　だから、「拒絶理由通知」が届いても、「意見書」、「手続補正書」を書いてください。
　拒絶理由をひっくり返して「登録」にもっていくことができます。
　文章は、上手く書けなくても大丈夫です。注意していただきたいことは、書き落としがないように詳しく書くことです。
　他の人（第三者）の商標登録を説明の中で使わなければならないときがあります。そのときは、登録商標であることをカッコで明記して使用します。たとえば、「マジックテープ（登録商標）」のように書きます。

□「**段落番号【０００１】、【０００２】、……**」
　明細書は、手紙と一緒で書く順序があります。その順序にしたがって書くだけです。そうすれば、書き落としもなくなります。
　原則として、段落の前に、それぞれ、「【　】」を付けた、4桁のアラビア数字で、「【０００１】、【０００２】」のように連続番号を付けます。
　この、【０００１】、【０００２】、……、を「段落番号」といいます。
　この「段落番号」を付けていると、出願後に「手続補正書」を書いて提出したいときに、たとえば、明細書の全体を補正するのではなく、「段落番号」ごとに、【技術分野】【０００１】だけの補正ができるわけです。
　次に、明細書の各項目には、それぞれどんな内容を書くのか、説明しましょう。

● 「特許願」の「図面」を描く前の予備知識
（１）特許の「図面」のポイント
□①特許の図面は、創作した作品のポイントを示す説明図です。
□②機械製図などの設計図のように寸法どおりに詳しく精密に描く必要はありません。
□③図面の補正（訂正）はむずかしいので、工夫したところの要部は、斜視図、断面図、拡大図などを描いてはっきり図示します。

□④「特許請求の範囲」に書いている構成部分は必ず図示します。
□⑤縮小されて印刷されます。はっきりわかる大きさで描いてください。何枚（何ページ）になっても結構です。
□⑥符号は、アラビア数字「1、2、3、……」で書きます。大きさは、約5㎜平方とし、引出線「―――1、―――2、……、」を引いて付けます。
□⑦線の太さは、実線「―――」は、約0.4㎜（引出線は、約0.2㎜）、点線「- - - - -」、および、鎖線「―― - ――」は、約0.2㎜とします。
□⑧切断面には、平行斜線（ハッチング）「////」を引きます。
□⑨中心線「―― - ――」は、とくに必要があるときの他は引いてはいけません。

（2）「特許願」の「図面」を描くときの注意

　図面は、作品の内容を説明するためのものです。
　製図上でいう物を製作するときの図面とは目的が違います。
　だから、くわしい表示は必要ありません。いや描いてはいけません。
　要は作品の内容が審査官、読者に理解できるように描いてあればいいのです。
　たとえば、「機械の分野」で、機械的な作品にはよくいう「平面図」とか「斜視図（立体図）」などの図面が用いられています。
　また、機械などをすえ付けるための要領を説明した「配置図」を用いるときもあります。
「電気の分野」では、どのように線を結ぶのか、そういった内容の説明図を描くときは、「配線図」、「回路図」を使うと便利です。
「化学の分野」では、化学的な内容を説明するときは、その変化を示すための「グラフ」を使用するとわかりやすくなります。
「金属の分野」では、金属の表面など、顕微鏡でなければあらわせないときは、図面のかわりに写真を付けてもいいことになっています。

第 2 章　思いつき・ヒラメキを 特許に出願したい

メモ「MEMO」

　赤鉛筆の外形は、六角形じゃなくて、マルです。なぜでしょう（!?）
　六角形の方が、赤鉛筆が転がらなくて使いやすいのに、どうしてなのでしょうね。
　その理由は、先生がテストの採点をするとき、赤鉛筆で○（マル）を付けたいからです。……、"なるほど"そういうことなのですね。

4．わかりやすい「願書」の形式と書き方
● 「願書」の形式

「例．10,000 円＋ 1,000 円× 4 枚＝ 14,000 円」

特許印紙	特許印紙	特許印紙

（14,000 円）

【書類名】　　　　特許願
【整理番号】
【提出日】　　　　令和　年　月　　　日
【あて先】　　　　特許庁長官　殿
【国際特許分類】
【発明者】
　【住所又は居所】
　【氏名】
【特許出願人】
　【識別番号】
　【住所又は居所】
　【氏名又は名称】　　　　　　　（印）又は〔識別ラベル〕
　【電話番号】
【提出物件の目録】
　【物件名】　　明細書　　　　　　　1
　【物件名】　　特許請求の範囲　　　1
　【物件名】　　要約書　　　　　　　1
　【物件名】　　図面　　　　　　　　1

※用紙の大きさは、A列4番「A4サイズ」（横21cm、縦29.7cm）の白紙を使います。余白は、上方に6cm、左右、下に各2cmを取ります。左右は、2.3cmをこえないようにします。ここでは、ページの都合上規則どおりになっていません。あらかじめご了承ください。

●「願書」の書き方

```
「例.10,000円＋1,000円×4枚＝14,000円」

  ┌─────┬─────┬─────┐
  │ 特許 │ 特許 │ 特許 │
  │ 印紙 │ 印紙 │ 印紙 │
  └─────┴─────┴─────┘

(14,000円)

【書類名】        特許願
【整理番号】      Ｐ－２０１９－０１
【提出日】        令和○年○月○○日
【あて先】        特許庁長官　殿
【国際特許分類】  Ｂ４３Ｋ２９／０２
【発明者】
　【住所又は居所】○○都○○区○○町○丁目○番○号
　【氏名】        ○○　○○
【特許出願人】
　【識別番号】
　【住所又は居所】○○都○○区○○町○丁目○番○号
　【氏名又は名称】○○　○○　　　（印）又は〔識別ラベル〕
　【電話番号】    ○○－○○○○－○○○○
【提出物件の目録】
　【物件名】      明細書              1
　【物件名】      特許請求の範囲      1
　【物件名】      要約書              1
　【物件名】      図面                1
```

※「願書」の用紙の上に6cmの余白を取ります。この余白に「特許印紙」を貼ります。

(1)【書類名】 特許願 の書き方
　願書「特許願」の題名を「【書類名】 特許願」と書きます。

(2)【整理番号】 の書き方
「整理番号」は、自分で整理するためのものです。
　ローマ字（A、B、C、……）、アラビア数字（1、2、3、……）、短い線（－）を組み合わせて、10字以下の「整理番号」にします。
　たとえば、
　【整理番号】 P－2019－01
のように書きます。
「P」は、特許（Ｐatent）の英語の頭文字です。
「2019－01」は、2019年の1番目という意味です。
　次に出願するときは、「【整理番号】 P－2019－02」のように書きます。
「01」、「02」……、と書くだけでも大丈夫です。

(3)【提出日】の書き方
「特許庁」に提出する日の　年　月　日「令和1年○月○○日」を書きます。書留で郵送するときは、郵便局で発送する日付を書きます。

(4)【あて先】の書き方
「あて先」は、
　【あて先】 特許庁長官 ○○○○殿
と書きます。
　特許庁長官の名前がわからなければ、「特許庁長官 殿」と書くだけで大丈夫です。

(5)【国際特許分類】 の書き方
「国際特許分類」は、グループ記号までなるべく書きます。書類には、技術の内容に応じて国際的に統一された記号が書いてあります。

これは、願書「特許願」に、何か、記号を付けておけば、それが作品の中のどんな技術の分野なのか、内容なのか、あとで調べたいとき記号を見るだけで、すぐに調べられます。だから、便利です。……、といった趣旨から書くようになったのです。
　この記号が「国際特許分類」です。8つに分類されています。
　この記号は、「国際特許分類表（特許庁編）」を見て調べます。
　しかし、これは、あくまで、特許庁からのお願いごとです。
　だから、願書「特許願」の「国際特許分類」のところに出願人が記号を書いていないから、……、といって、それだけで不利益な取り扱いを受けることはありません。
　わからなければ、何も書かずに手続きをしてください。
「特許庁」で調べて書いてくれます。心配しなくても大丈夫です。
「Ａ　生活必需品」、「Ｂ　処理・操作・運輸」、「Ｃ　化学および冶金」、「Ｄ　繊維および紙」、「Ｅ　固定構造物」、「Ｆ　機械工学・照明・加熱・武器・爆破」、「Ｇ　物理学」。
「国際特許分類」は、「特許情報プラットフォーム（J-PlatPat）」で、先行技術（先願）を調べれば、書類の中に【国際特許分類】と書かれています。参考になります。
　それと同じように書いてください。
　たとえば、
□①「消しゴムを付けた鉛筆」は、
　「【国際特許分類】Ｂ４３Ｋ２９／０２」です。
□②「目印を付けたホッチキスの針」は、
　「【国際特許分類】Ｂ２５Ｃ５／１６」です。
□③「照明を付けた傘」は、
　「【国際特許分類】Ａ４５Ｂ３／０４」です。

◆トライ【TRY!】・試しにやってみましょう

「例.10,000円＋1,000円×4枚＝14,000円」

特許印紙	特許印紙	特許印紙

（14,000円）
【書類名】
【整理番号】
【提出日】
【あて先】
【国際特許分類】

（6）【発明者】の書き方

□①【発明者】

「発明者」は、○○の作品を発明した人の名前を書きます。

「住所又は居所」、「氏名」の項目に分けて書きます。

□②【住所又は居所】

「住所又は居所」は、何県（都道府県）から、何丁目、何番、何号まで正確に書きます。

□③【氏名】

「氏名」は、個人（自然人）の名前を書きます。

（7）【特許出願人】の書き方

□①【特許出願人】

「特許出願人」は、○○の作品の権利者になる人の名前を書きます。

「識別番号」、「住所又は居所」、「氏名又は名称」、「電話番号」の項目に分けて書きます。

□②【識別番号】

「識別番号」は、「特許庁」から事前に通知を受けている人が、その「識

別番号」を書きます。
　たとえば、銀行などの口座番号みたいなものです。
□③【住所又は居所】
「住所又は居所」は、何県（都道府県）から、何丁目、何番、何号まで、正確に書きます。
□④【氏名又は名称】
「氏名又は名称」は、権利者になる人の名前を書きます。
　特許出願人の「印（朱肉印）」を捺印します。
「識別ラベル」を交付されている人は、「識別ラベル」を貼ります。
　そのときは、特許出願人の「印」の捺印は不要です。

●個人のときは、個人の氏名を書きます。
【特許出願人】
　【識別番号】
　【住所又は居所】　○○都○○区○○町○丁目○番○号
　【氏名又は名称】　○○　○○　　　（印）又は〔識別ラベル〕
　【電話番号】　　　○○－○○○○－○○○○

●法人のときは、法人の名称を書きます。
【特許出願人】
　【識別番号】
　【住所又は居所】　○○都○○区○○町○丁目○番○号
　【氏名又は名称】　○○○○　株式会社
　【代表者】　　　　○○　○○　　　（印）又は〔識別ラベル〕
　【電話番号】　　　○○－○○○○－○○○○

◆トライ【ＴＲＹ！】・試しにやってみましょう

```
【発明者】
  【住所又は居所】
  【氏名】
【特許出願人】
  【識別番号】
  【住所又は居所】
  【氏名又は名称】        （印）又は〔識別ラベル〕
  【電話番号】
```

　読者のみなさんは、「発明者」、「特許出願人」の住所、氏名のところは、あなたが「発明者」、「特許出願人」になったつもりで、自分の住所、氏名を書いてください。

（８）【提出物件の目録】　の書き方
　【提出物件の目録】
「物件名」は、
「【物件名】　明細書　　　　　１」
「【物件名】　特許請求の範囲　１」
「【物件名】　要約書　　　　　１」
「【物件名】　図面　　　　　　１」と書きます。
　書類の中で、とくに、「明細書」、「図面」は、何ページになっても「１」と書いてください。「１通」という意味です。
　ページ数ではありません。

第2章　思いつき・ヒラメキを特許に出願したい

◆トライ【ＴＲＹ！】・試しにやってみましょう

```
【提出物件の目録】
  【物件名】
  【物件名】
  【物件名】
  【物件名】
```

● 「願書」のチェックリスト

　　願書が書けたら、次のことをチェックしてください。

	YES・NO	チェックの内容
①	□・□	用紙は、正しく使っていますか。
②	□・□	特許印紙の額(14,000円)は、正しく書いていますか。
③	□・□	【整理番号】の書き方は、10字以下になっていますか。「例．Ｐ－２０１９－０１」
④	□・□	【提出日】は、特許庁に提出する日付(年 月 日)になっていますか。
⑤	□・□	【発明者】の【住所又は居所】、【氏名】は、正しく書いていますか。
⑥	□・□	【特許出願人】の【住所又は居所】、【氏名又は名称】は、正しく書いていますか。
⑦	□・□	都道府県、番地など省略せずに書いていますか。
⑧	□・□	特許出願人の印鑑は、朱肉印を使っていますか。

5．わかりやすい「明細書」の形式と書き方
● 「明細書」の形式

```
                                        － 1 －

    【書類名】        明細書
    【発明の名称】
    【技術分野】
      【０００１】
    【背景技術】
      【０００２】
    【先行技術文献】
      【特許文献】
      【０００３】
      【特許文献１】
    【発明の概要】
      【発明が解決しようとする課題】
      【０００４】
      【課題を解決するための手段】
      【０００５】
      【発明の効果】
      【０００６】
    【図面の簡単な説明】
      【０００７】
    【発明を実施するための形態】
      【０００８】
    【符号の説明】
      【０００９】
```

※用紙の大きさは、Ａ列４番「Ａ４サイズ」（横21cm、縦29.7cm）の白紙を使います。余白は、上方に６cm、左右、下に各２cmを取ります。左右は、2.3cmをこえないようにします。ここでは、ページの都合上規則どおりになっていません。あらかじめご了承ください。

●「明細書」の形式　　◆そのまま使えるまとめ方◆

```
　　　　　　　　　　　　　　　　　　　　　　　　　－1－

　【書類名】　　　　明細書
　【発明の名称】　　○○○○
　【技術分野】
　　【0001】
　　本発明は、………○○○○に関するものである。
　　※○○○○には、発明の名称を書きます。
　【背景技術】
　　【0002】
　　従来、……………………………………………………………。

　【先行技術文献】
　　【特許文献】
　　【0003】
　　【特許文献1】　特開○○○○－○○○○○○号公報

　【発明の概要】
　【発明が解決しようとする課題】
　　【0004】
　　これは、次のような欠点があった。
　（イ）………………………………………………。
　（ロ）………………………………………。
　　本発明は、以上のような欠点をなくすためになされたものである。

　　【課題を解決するための手段】
　　【0005】
　　………………………………………………………………………。
　　本発明は、以上の構成よりなる○○○○である。
　【発明の効果】
```

【0006】
　（イ）……………………………………………………。
　（ロ）……………………………………………………。

【図面の簡単な説明】
　【0007】
　【図１】　本発明の○○図である。
　【図２】　本発明の○○図である。

【発明を実施するための形態】
　【0008】
　以下、本発明を実施するための形態について説明する。
　………………………………………………………………。
　………………………………………………………………。
　本発明は、以上のような構造である。
　本発明を使用するときは、………………………………。
　………………………………………………………………。

【符号の説明】
　【0009】
　　１　○○○
　　２　○○○
　　３　○○○
　　…　………
　　…　………

●「明細書」の書き方　例

```
                                              － 1 －

    【書類名】      明細書
    【発明の名称】  消しゴムを付けた鉛筆
    【技術分野】
      【０００１】
       本発明は、鉛筆の軸の一端に小さな消しゴムを取り付けた鉛筆に関する
    ものである。
    【背景技術】
      【０００２】
       従来、鉛筆と消しゴムは別々になっていた。
    【先行技術文献】
      【特許文献】
      【０００３】
      【特許文献１】　特開○○○○－○○○○○○号公報。
    【発明の概要】
      【発明が解決しようとする課題】
      【０００４】
       これは、次のような欠点があった。
    （イ）従来、消しゴムは何度も使っていると、小さくなるので使いにくかっ
    た。
    （ロ）その消しゴムが必要になったとき、探しても形状が小さくなってい
    るので、消しゴムが見つけにくく、困ることが多かった。
       本発明は、以上のような欠点をなくすためになされたものである。
      【課題を解決するための手段】
      【０００５】
       鉛筆の軸（１）の一端に筒（２）を取り付け、筒（２）に消しゴム（３）
    を取り付ける。
       本発明は、以上のような構成よりなる消しゴムを付けた鉛筆である。
      【発明の効果】
      【０００６】
```

（イ）消しゴムが鉛筆の軸と一体になっているので、消しゴムが必要になったときでも、探す手間が省ける。
（ロ）小さな消しゴムでも、鉛筆の軸が柄になるため、使うのになんらさしつかえない。
【図面の簡単な説明】
【0007】
　【図1】　本発明の分解斜視図である。
　【図2】　本発明の斜視図である。
【発明を実施するための形態】
【0008】
　以下、本発明を実施するための形態について説明する。
　鉛筆の軸（1）の上部の一端に金属製の筒（2）を取り付ける。
　前記筒（2）に円柱状の消しゴム（3）を差し込む。
　前記筒（2）をかしめ、前記消しゴム（3）を鉛筆の軸（1）に固定する。
　本発明は、以上のような構造である。
　本発明を使用するときは、鉛筆の軸と一体になったこの小さな消しゴムで鉛筆の軸を持って間違った文字などを消せばいい。
　他の実施例として、筒（2）のかわりに、鉛筆の軸（1）の一端と消しゴム（3）を接着剤で接着してもいい。
【符号の説明】
【0009】
　　1　鉛筆の軸
　　2　筒
　　3　消しゴム

● 「明細書」には、それぞれの内容を説明する項目がある

「【書類名】　特許願」の「明細書」は、発明の内容を説明するために、次のような項目に分けて書きます。

「【書類名】　明細書」がいわゆる本論です。大切なところです。

　書類がむずかしい、というのは、明細書が上手く書けない。……、と思っているからです。

「【書類名】　明細書」は、○○の作品を、どのような目的で考えたのか、【発明の概要】発明のあらまし、【技術分野】、いままでにどんな物品の形状、構造のものがあったのか、従来の【背景技術】、それにはどんな課題(問題点)、【発明が解決しようとする課題】があったのかを書きます。

　次に、この課題を解決するために、どのような物品の形状、構造にしたのか、その解決方法【課題を解決するための手段】を書きます。

　【課題を解決するための手段】は、「【書類名】　特許請求の範囲」と同じ内容を書きます。

　その結果、どのような【発明の効果】が生まれたのか、を書きます。

　【発明が解決しようとする課題】が【発明の効果】になります。

　続いて、【発明を実施するための形態】を書きます。

　以上のような内容を、順を追って書けばいいのです。

　本書では、「……です。……ます。」調で、説明をしていますが、「特許庁」に提出する「書類の書き方」は、「……である。」調なので、「……である。」調でまとめています。

● 「明細書」を書いてみよう
（１）明細書の書き方
　題名を「【書類名】　明細書」と書きます。

★【書類名】、【発明の名称】を書いてみましょう。

【書類名】　　　　明細書
【発明の名称】　消しゴムを付けた鉛筆

（2）【発明の名称】の書き方
　作品の内容を簡単明瞭に表現する名称を「【発明の名称】　消しゴムを付けた鉛筆」のように書きます。

□①【発明の名称】だけで作品の内容が理解できる
　【発明の名称】の付け方は、初歩の人が最初に悩むところです。
　少し長くなっても結構です。○○の作品の内容が【発明の名称】だけで簡単にわかるように付けるのがポイントです。
□②【発明の名称】だけでＰＲ効果がある
　たとえば、「新聞、雑誌」などで紹介してもらったりするときは、その【発明の名称】を見ただけで、だいたいどんな作品なのかがすぐにわかるような【発明の名称】を付けておくと、作品のＰＲにもつながるというわけです。
□③【発明の名称】の付け方が良くないケース
　次のような【発明の名称】の付け方はいけません。
　たとえば、
×【発明の名称】　能率的な鉛筆
×【発明の名称】　文化式の鉛筆
×【発明の名称】　最新式の鉛筆
などのように付ける人がいます。
　このように、【発明の名称】を付けるのは、作品の内容がどんなものかわかりにくいのでやめた方がいいと思います。
　　　少し考えてしまうのは、
×【発明の名称】　中本式の鉛筆
　このように【発明者】の名前を付けることです。
　中には、自分の名前を付けたがる人もいます。
　気持ちは良くわかりますが、それはいけません。

第2章　思いつき・ヒラメキを特許に出願したい

◆トライ【ＴＲＹ！】・試しにやってみましょう

　　【書類名】
　　【発明の名称】

（３）【技術分野】の書き方
　【技術分野】は、作品のあらましを２〜３行にまとめて書きます。
　本発明は、鉛筆の軸の一端に小さな消しゴムを取り付けた鉛筆に関するものである。
　【技術分野】を読めば、○○の作品の内容のアウトラインがわかるように書くわけです。

（４）【背景技術】の書き方
　【背景技術】は、いままでどんなものがあったか、○○の作品を考えた以前のものの説明を書きます。
　従来、鉛筆と消しゴムは別々になっていた。

（５）【先行技術文献】の書き方
　【先行技術文献】は、「特許情報プラットフォーム（J-PlatPat）」で、先行技術（先願）を確認してください。
　類似の公報が見つかったときは【特許文献１】に書きます。

★【技術分野】、【背景技術】、【先行技術文献】を書いてみましょう。

【技術分野】
　【０００１】
　本発明は、鉛筆の軸の一端に小さな消しゴムを取り付けた鉛筆に関するものである。
【背景技術】

【0002】
　従来、鉛筆と消しゴムは別々になっていた。
【先行技術文献】
　【特許文献】
　【0003】
　【特許文献1】　特開○○○○－○○○○○○号公報。

◆トライ【ＴＲＹ！】・試しにやってみましょう

```
　　　【技術分野】
　　　　【0001】


　　　【背景技術】
　　　　【0002】


　　　【先行技術文献】
　　　　【特許文献】
　　　　【0003】
　　　　【特許文献1】
```

（6）【発明の概要】の書き方
①【発明が解決しようとする課題】の書き方
　【発明の概要】は、【発明が解決しようとする課題】から書いていきます。
　いままでの商品の、どこに課題（問題点）があったのか、どんなことが要求（要望）されていたのか、○○の作品で解決しようとするねらいは何か、【発明が解決しようとする課題】は、次のように書きます。
（イ）従来、消しゴムは何度も使っていると、小さくなるので使いにくかった。
（ロ）その消しゴムが必要になったとき、小さくなった消しゴムは探し

ても見つからず、困ることが多かった。

★【発明の概要】、【発明が解決しようとする課題】、【課題を解決するための手段】、【発明の効果】を書いてみましょう。
【発明の概要】
　【発明が解決しようとする課題】
　【０００４】
　これは、次のような欠点があった。
（イ）従来、消しゴムは何度も使っていると、形状が小さくなるので使いにくかった。
（ロ）その消しゴムが必要になったとき、形状が小さくなった消しゴムは探しても見つからず、困ることが多かった。
　本発明は、以上のような欠点をなくすためになされたものである。
　【課題を解決するための手段】
　【０００５】
　鉛筆の軸（１）の一端に筒（２）を取り付け、筒（２）に消しゴム（３）を取り付ける。
　本発明は、以上のような構成の消しゴムを付けた鉛筆である。
　【発明の効果】
　【０００６】
（イ）消しゴムが鉛筆の軸と一体になっているので、消しゴムが必要になったときでも、探す手間が省ける。
（ロ）形状が小さな消しゴムでも、鉛筆の軸が柄になるため、使うのになんらさしつかえない。

② 【課題を解決するための手段】の書き方
　物品の形状、構造、組み合わせなど、○○の作品のポイントになる構成（しくみ）を書きます。
　つまり、○○の作品がどのような部品でどのような構成になっているかを書きます。

このとき図面の部品の符号と一緒に説明してください。
　【課題を解決するための手段】の書き方は、「【書類名】　特許請求の範囲」と同じように書きます。

③【発明の効果】の書き方
　このような構造である。……、だから、このように素晴らしい効果が生まれた。……、と書きます。
　課題を解決した点が【発明の効果】です。【発明が解決しようとする課題】→【発明の効果】です。
　この【発明の効果】を上手く書くことが大切です。
（イ）消しゴムが鉛筆の軸と一体になっているので、消しゴムが必要になったときでも、探す手間が省ける。
（ロ）形状が小さな消しゴムでも、鉛筆の軸が柄になるため、使うのになんらさしつかえない。

◆トライ【ＴＲＹ！】・試しにやってみましょう
（7）【図面の簡単な説明】の書き方

【発明の概要】
　【発明が解決しようとする課題】
　【０００４】

　【課題を解決するための手段】
　【０００５】

　【発明の効果】
　【０００６】

第2章　思いつき・ヒラメキを特許に出願したい

「【図1】　本発明の〇〇図である。」のように書きます。
　〇〇図は、正面図、平面図、側面図、斜視図、分解斜視図、断面図、A－A断面図、B－B断面図などのように図の名称を書きます。

★【図面の簡単な説明】、【発明を実施するための形態】、【符号の説明】を書いてみましょう。

【図面の簡単な説明】
　【０００７】
　【図１】　本発明の分解斜視図である。
　【図２】　本発明の斜視図である。
【発明を実施するための形態】
　【０００８】
　以下、本発明を実施するための形態について説明する。
　鉛筆の軸（１）の上部の一端に金属製の筒（２）を取り付ける。
　前記筒（２）に円柱状の消しゴム（３）を差し込む。
　前記筒（２）をかしめ、前記消しゴム（３）を鉛筆の軸（１）に固定する。
　本発明は、以上のような構造である。
　本発明を使用するときは、鉛筆の軸と一体になったこの小さな消しゴムで鉛筆の軸を持って間違った文字などを消せばいい。
　他の実施例として、筒（２）のかわりに、鉛筆の軸（１）の一端と消しゴム（３）を接着剤で接着してもいい。
【符号の説明】
　【０００９】
　　１　鉛筆の軸
　　２　筒
　　３　消しゴム

（８）【発明を実施するための形態】の書き方
　【発明を実施するための形態】は、【課題を解決するための手段】に書

いた内容をさらに詳しく書きます。
　物品の形状、材質を具体的にあらわしたいときは、【発明を実施するための形態】に書いてください。
　次に、この発明品をどのような方法で使うのか、「使い方」を説明します。○○の作品はこういうところにも利用できる。……、といった「実施例」を書いてください。たくさん書いてください。

(9)【符号の説明】の書き方
　【符号の説明】は、「1　○○○　2　………」のように図の部品、要部に付けた番号の名称を書きます。

◆トライ【ＴＲＹ！】・試しにやってみましょう

```
　　【図面の簡単な説明】
　　　【０００７】


　　【発明を実施するための形態】
　　　【０００８】






　　【符号の説明】
　　　【０００９】
```

第2章　思いつき・ヒラメキを 特許に出願したい

● 「明細書」のチェックリスト

「明細書」が書けたら、次のことをチェックしてください。

	YES・NO	チェックの内容
①	□・□	用紙は、正しく使っていますか。
②	□・□	【発明の名称】簡単明瞭に表現されていますか。
③	□・□	【技術分野】 発明のあらまし（概要）、書いていますか。
④	□・□	【背景技術】 従来の技術、書いていますか。
⑤	□・□	【先行技術文献】 特許文献、書いていますか。
⑥	□・□	【発明の概要】、【発明が解決しようとする課題】 その欠点、発明の目的、書いていますか。
⑦	□・□	【課題を解決するための手段】 特許請求の範囲と同じように書いていますか。
⑧	□・□	【発明の効果】発明の効果、書いていますか。
⑨	□・□	【図面の簡単な説明】 【図1】、【図2】……、の説明は、 本発明の○○図である。と書いていますか。
⑩	□・□	【発明を実施するための形態】 発明を実施するための形態、詳しく書いていますか。 使い方が説明されていますか。上記項目の各部、関連づけられていますか。
⑪	□・□	【符号の説明】 要部の名称の説明を書いていますか。

6．わかりやすい「特許請求の範囲」の形式と書き方
● 「特許請求の範囲」の形式

```
【書類名】　特許請求の範囲
【請求項1】
```

※用紙の大きさは、Ａ列４番「Ａ４サイズ」（横21cm、縦29.7cm）の白紙を使います。余白は、上方に６cm、左右、下に各２cmを取ります。左右は、2.3cmをこえないようにします。ここでは、ページの都合上規則どおりになっていません。あらかじめご了承ください。

● 「【書類名】　特許請求の範囲」の形式
◆そのまま使えるまとめ方◆

```
【書類名】　特許請求の範囲
【請求項1】
　　何の　どこに　何を　取り付け、○○に　○○を取り付けた○○○○（発明の名称）。
```

第2章　思いつき・ヒラメキを特許に出願したい

● 「特許請求の範囲」の書き方　例
★【請求項1】を書いてみましょう。

【書類名】　特許請求の範囲
【請求項1】
　鉛筆の軸（1）の一端に筒（2）を取り付け、前記筒（2）に消しゴム（3）を取り付けた鉛筆。

◆トライ【TRY！】・試しにやってみましょう

【書類名】　特許請求の範囲
【請求項1】

● 「特許請求の範囲（多項制）」の書き方

【書類名】　特許請求の範囲
【請求項1】
　鉛筆の軸（1）の一端に筒（2）を取り付け、前記筒（2）に前記消しゴム（3）を取り付けた鉛筆。
【請求項2】
　筒（2）に消しゴム（3）を挿入し、これを鉛筆の軸（1）にかしめ、前記消しゴム（3）と前記鉛筆の軸（1）に固定した請求項1の消しゴムを付けた鉛筆。
【請求項3】
　消しゴム（3）に接着剤を付け、これを鉛筆の軸（1）に接着した請求項1の消しゴムを付けた鉛筆。

（1）「書類名」の書き方
　【書類名】　特許請求の範囲　　と書きます。
　次の行に　【請求項1】　と項目を書きます。

（2）「特許請求の範囲」
　「【書類名】　特許請求の範囲」は、権利の範囲になる部分です。ここは、他の人（第三者）にまねされては困るところを書きます。
　つまり、自分で工夫した「発明の構成」を書きます。
　物品の形状とか、構造（しくみ）、物品の組み合わせなど、ポイントになる構成を書きます。
　ここで、長々と内容を具体的に書かないでくださいね。
　詳しく書けば書くほど、権利範囲は狭くなります。

（3）「物品の形状」、「材質を限定」しない
　ここで、注意していただきたいことがあります。
　それは、「物品の形状」、「材質を限定」して、書かないでください、

ということです。
　たとえば、次のように書くことです。

×「物品の形状」、「材質を限定」した書き方
【書類名】　特許請求の範囲
【請求項1】
　六角形の鉛筆の軸（1）の一端に金属製の筒（2）を取り付け、前記筒（2）に消しゴム（3）を取り付けた鉛筆。

×書き方が良くない例「構造がどうなっているのか（？）」
　たとえば、「折り畳みができる傘」の作品を考えたとき、「【書類名】特許請求の範囲」を、次のように書いてはいけませんよ。
【書類名】　特許請求の範囲
【請求項1】
　図面に示すような折り畳みができる洋傘。

　以上のような書き方では、作用、性質を書いただけで構造（しくみ）の説明になっていません。
　「特許請求の範囲」には、折り畳みができる洋傘の構造（しくみ）がどうなっているのか（？）……、を書いていただきたいのです。
　傘の折り畳みができる、構造（しくみ）が特許（発明）です。

● 「特許請求の範囲」のチェックリスト
「特許請求の範囲」が書けたら、次のことをチェックしてください。

	YES・NO	チェックの内容
①	□・□	構成要件、書いていますか。
②	□・□	発明の構成に欠くことのできない事項、書いていますか。
③	□・□	各部構成が関連づけられていますか。
④	□・□	各要部の名称だけ並べていませんか。

7．わかりやすい「要約書」の形式と書き方
● 「要約書」の形式

```
【書類名】　要約書
【要約】
【課題】


【解決手段】


【選択図】
```

※用紙の大きさは、A列4番「A4サイズ」（横21cm、縦29.7cm）の白紙を使います。余白は、上方に6cm、左右、下に各2cmを取ります。左右は、2.3cmをこえないようにします。ここでは、ページの都合上規則どおりになっていません。あらかじめご了承ください。

● 「要約書」の形式　◆そのまま使えるまとめ方◆
● 「要約書」の書き方　例

```
【書類名】　要約書
【要約】
【課題】………………………………………を提供する。

【解決手段】…………（構成を書きます）…………を特徴とする。

【選択図】　図1
```

★「【書類名】 要約書」、【書類名】、【要約】、【解決手段】、【選択図】を書いてみましょう。

【書類名】 要約書
【要約】
【課題】 消しゴムが小さくても使いやすいように、鉛筆の軸の一端に消しゴムを取り付けた鉛筆を提供する。
【解決手段】 鉛筆の軸（1）の一端に筒（2）を取り付け、前記筒（2）に消しゴム（3）を取り付けたことを特徴とする。
【選択図】 図1

◆トライ【TRY!】・試しにやってみましょう

```
【書類名】
【要約】
【課題】


【解決手段】


【選択図】 図1
```

（1）「要約書」の書き方
　「【書類名】　要約書」は、「【書類名】　明細書」に書いた発明の【課題】、【解決手段】を簡潔にまとめたものです。
　「【書類名】　要約書」は、権利範囲には関係ありません。内容をわかりやすく要領良くまとめればいいのです。
　【書類名】は、題名を「【書類名】　要約書」と書きます。

（2）【要約】の書き方
　【要約】は、【課題】と【解決手段】の項目を付けて書きます。

（3）【課題】の書き方
　【課題】は、発明の要点だけを簡潔にまとめます。
　【課題】　……………………………………………を提供する。
　のように、【課題】を書きます。

（4）【解決手段】の書き方
　【解決手段】は、明細書の「課題を解決するための手段」と同じように書きます。
　【解決手段】　…………（構成を書きます）…………を特徴とする。
　のように、【解決手段】を書きます。

（5）【選択図】の書き方
　【選択図】は、発明の内容を理解するために図面に描いた中から最もわかりやすい図の番号を書きます。
　「【選択図】　図1」のように書きます。

● 「要約書」のチェックリスト

「要約書」が書けたら、次のことをチェックしてください。

	YES・NO	チェックの内容
①	□・□	用紙は、正しく使っていますか。
②	□・□	【課題】の説明は、わかりやすいですか。
③	□・□	【解決手段】の説明は、わかりやすいですか。～を特徴とする。
④	□・□	【選択図】の選び方は、いいですか。たとえば、「【選択図】　図1」のように書いていますか。

8．わかりやすい「図面」の形式と描き方

● 「図面」の形式

```
【書類名】　図面
【図1】



【図2】


```

● 「図面」の描き方　例

★ 「【書類名】　図面」、【図1】、【図2】を描いてみましょう。

【書類名】　図面
【図1】

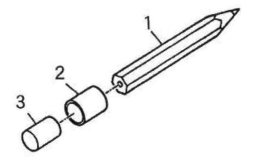

【図2】

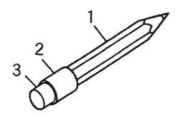

1　鉛筆の軸
2　筒
3　消しゴム

第2章 思いつき・ヒラメキを特許に出願したい

◆トライ【TRY!】・試しにやってみましょう

【書類名】 図面
【図1】

【図2】

● 「図面」の描き方

　「図面」は、わかりやすく描くことがポイントです。
　「図面」のかわりに、試作品の写真、試作品を添付することはできません。
　説明図の、「図1」は、本発明の分解斜視図です。「図2」は、本発明の斜視図です。
　枚数の制限はありません。複数ページになったときは、右上端にページ数「－1－」、「－2－」、……、のようにページ数を書いてください。

（1）題名（【書類名】）の書き方
　題名を「【書類名】　図面」と書きます。

（2）「図の番号」の書き方
　「図の番号」は、【図1】と書きます。
　2つ以上の図があるときは、作品の特徴をもっとも良くあらわす図を【図1】にしてください。
　以下【図2】、【図3】、……、のように連続番号を付けます。
　2つ以上の図（図1、図2、……）は、上下に並べて描きます。
　2つ以上の図（図1、図2、……）を横に並べて描いていけません。
　本書では、ページの都合上、図面の描き方が規則どおりになっていないのであらかじめご了承ください。

×【書類名】　図面」を横に並べて描いてはいけない

　【書類名】　図面
　　【図1】　　　　　　　　　【図2】

● 「図面」のチェックリスト

「図面」が描けたら、次のことをチェックしてください。

	YES・NO	チェックの内容
①	□・□	用紙は正しく使っていますか。
②	□・□	図の番号は、【図1】、【図2】のように書いていますか。
③	□・□	【正面図】、【断面図】のように図面の名称を書いていませんか。
④	□・□	符号（数字）を書いていますか。
⑤	□・□	符号（数字）でなく要部の名称のみを書いていませんか。
⑥	□・□	各図は横17cm、縦25.5cmの範囲内に描いていますか。

● 「図面」の形式

― 1 ―

【書類名】　図面
【図1】

【図2】

「願書（特許願）、明細書、特許請求の範囲、要約書」の書き方、「図面」の描き方は、次のとおりです。

●まとめ：消しゴムを付けた鉛筆の「**特許願**」

（1）「**願書**」

「例.10,000円＋1,000円×4枚＝14,000円」

特許印紙	特許印紙	特許印紙

（14,000円）

【書類名】　　　　特許願
【整理番号】　　　Ｐ－２０１９－０１
【提出日】　　　　令和〇年〇月〇〇日
【あて先】　　　　特許庁長官　殿
【国際特許分類】　Ｂ４３Ｋ２９／０２
【発明者】
　【住所又は居所】〇〇都〇〇区〇〇町〇丁目〇番〇号
　【氏名】　　　　〇〇　〇〇
【特許出願人】
　【識別番号】
　【住所又は居所】〇〇都〇〇区〇〇町〇丁目〇番〇号
　【氏名又は名称】〇〇　〇〇　　　（印）又は〔識別ラベル〕
　【電話番号】　　〇〇－〇〇〇〇－〇〇〇〇
【提出物件の目録】
　【物件名】　　　明細書　　　　　　　１
　【物件名】　　　特許請求の範囲　　　１
　【物件名】　　　要約書　　　　　　　１
　【物件名】　　　図面　　　　　　　　１

(2)「明細書」

— 1 —

　　【書類名】　　　明細書
　　【発明の名称】　消しゴムを付けた鉛筆
　　【技術分野】
　　　【０００１】
　　　本発明は、鉛筆の軸の一端に小さな消しゴムを取り付けた鉛筆に関するものである。
　　【背景技術】
　　　【０００２】
　　　従来、鉛筆と消しゴムは別々になっていた。
　　【先行技術文献】
　　　【特許文献】
　　　【０００３】
　　　【特許文献１】　特開○○○○－○○○○○○号公報。
　　【発明の概要】
　　　【発明が解決しようとする課題】
　　　【０００４】
　　　これは、次のような欠点があった。
（イ）従来、消しゴムは何度も使っていると、形状が小さくなるので使いにくかった。
（ロ）その消しゴムが必要になったとき、形状が小さくなった消しゴムは探しても見つからず、困ることが多かった。
　　　本発明は、以上のような欠点をなくすためになされたものである。
　　　【課題を解決するための手段】
　　　【０００５】
　　　鉛筆の軸（１）の一端に筒（２）を取り付け、筒（２）に消しゴム（３）を取り付ける。
　　　本発明は、以上のような構成の消しゴムを付けた鉛筆である。
　　　【発明の効果】
　　　【０００６】

（イ）消しゴムが鉛筆の軸と一体になっているので、消しゴムが必要になったときでも、探す手間が省ける。
（ロ）小さな消しゴムでも、鉛筆の軸が柄になるため、使うのになんらさしつかえない。
【図面の簡単な説明】
【０００７】
　【図１】　本発明の分解斜視図である。
　【図２】　本発明の斜視図である。
【発明を実施するための形態】
【０００８】
　以下、本発明を実施するための形態について説明する。
　鉛筆の軸（１）の上部の一端に金属製の筒（２）を取り付ける。
　前記筒（２）に円柱状の消しゴム（３）を差し込む。
　前記筒（２）をかしめ、前記消しゴム（３）を鉛筆の軸（１）に固定する。
　本発明は、以上のような構造である。
　本発明を使用するときは、鉛筆の軸と一体になったこの小さな消しゴムで鉛筆の軸を持って間違った文字などを消せばいい。
　他の実施例として、筒（２）のかわりに、鉛筆の軸（１）の一端と消しゴム（３）を接着剤で接着してもいい。
【符号の説明】
【０００９】
　　１　鉛筆の軸
　　２　筒
　　３　消しゴム

（3）「特許請求の範囲」

【書類名】　特許請求の範囲
【請求項1】
　鉛筆の軸（1）の一端に筒（2）を取り付け、前記筒（2）に消しゴム（3）を取り付けた鉛筆。

（4）「要約書」

【書類名】　要約書
【要約】
【課題】　消しゴムが小さくても使いやすいように、鉛筆の軸の一端に消しゴムを取り付けた鉛筆を提供する。
【解決手段】　鉛筆の軸（1）の一端に筒（2）と、前記筒（2）に消しゴム（3）を取り付けたことを特徴とする。
【選択図】　図1

(5)「**図面**」

【書類名】 図面
【図1】

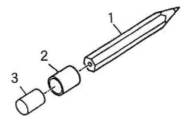

【図2】

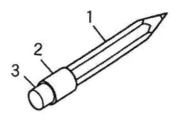

1　鉛筆の軸
2　筒
3　消しゴム

9．書面で「特許願」の手続きをする

　ここまで説明してきたように、「特許願」を「書面で手続きをする方法」です。
「願書（特許願）、明細書、特許請求の範囲、要約書、図面」ができました。□願書（特許願）に、出願手数料の特許印紙（14,000円）を貼ってください。□提出日を書いてください。□出願人の氏名の印を押してください。ＯＫですか。それでは、「特許庁」に提出します。
　書面で手続きをしたときには、「特許庁」が指定する電子化機関によってすべてコンピュータに入力されます。
　この費用は、出願人が負担します。これから「特許願」の手続きをしようと思っている人、出願件数の少ない町の発明家、パソコンに不慣れな人、中小企業には、この一番手軽な「書面で手続きをする方法」をおすすめします。

10．「特許庁」に手続きをする

「願書（特許願）、明細書、特許請求の範囲、要約書、図面」の５つの書類を順番に重ねてください。
　左側をホッチキスでとじてください。
「特許庁」に、書留の郵便、または、持参して、手続きをします。
　手続きをした日が出願日になります。
　書留の郵便で手続きをするときは、郵便局で受け付けた日（切手の消印）が出願日になります。
　封書に貼った切手に日付印（消印）をはっきり押してもらうようにしましょう。

●提出先「書留の郵便（または、持参）」

〒100-8915　東京都千代田区霞が関3-4-3
特許庁長官　殿　　または「特許庁　出願課受付」
「特許願」在中

第2章 思いつき・ヒラメキを特許に出願したい

「特許庁」の最寄り駅は、地下鉄・東京メトロ・銀座線の「虎ノ門駅」です。「虎ノ門駅」下車、徒歩約5分です。

● 「**特許願**」の書類のとじ方

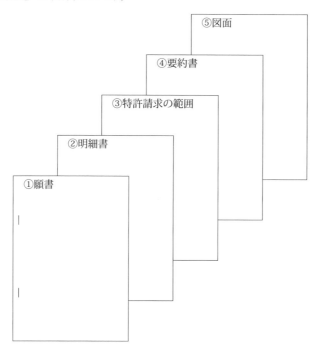

※ 左側をホッチキスでとじます。

● 「**とじ方**」のチェックリスト

書類ができたら、次のことをチェックしてください。

	YES・NO	チェックの内容
①	□・□	書類の順番は、正しいですか。願書、明細書、特許請求の範囲、要約書、図面の順になっていますか。

11. 電子化手数料

書面で手続きをすると、その内容は、「特許庁」で指定する機関によってコンピュータに入力されます。

電子化手数料の費用は、出願人が負担します。

「願書（特許願）1件」に付き、「1,200円＋700円（書類1枚）×書類の枚数」です。

たとえば、「願書（特許願）1枚、明細書3枚、特許請求の範囲1枚、要約書1枚、図面1枚」のときは、書類の枚数が合計で7枚です。

費用は、「1,200円＋700円×7枚＝6,100円」です。

電子化手数料は、出願の日から2週間から3週間後に「工業所有権電子情報化センター」から支払用の払込用紙が送られてきます。

そのときに支払ってください。

意匠、商標についても同じように電子化手数料がかかります。

● 特許の「出願料・出願審査請求料・登録料」

（イ）特許「出願料」　　　　　　14,000円

（ロ）特許「出願審査請求料」　138,600円＋（請求項の数×4,000円）」

（ハ）特許「登録料」

①	第1年から 第3年まで	毎年2,100円に1請求項につき 毎年　200円を加えた額
②	第4年から 第6年まで	毎年6,400円に1請求項につき 毎年　500円を加えた額
③	第7年から 第9年まで	毎年19,300円に1請求項につき 毎年　1,500円を加えた額
④	第10年から 第25年まで	毎年55,400円に1請求項につき 毎年　4,300円を加えた額

12.「特許願」の「出願の手続きから登録」の流れ
● 「手続きから登録」の流れ

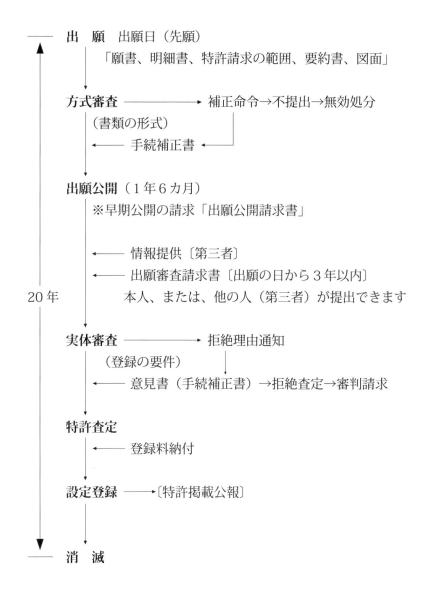

※ 権利期間は、出願の日から20年です。

● 「私（中本）流の恋愛・結婚のたとえばなし」

　それでは、特許（発明）の世界を理解してもらうために「特許願の手続きから登録」の流れを、私（中本）流の恋愛のたとえばなしを交えながら説明をします。

　私は、いま、職場（学校）の○○さんのことが気になっています。大好きになりました。

　だからなのか、最近、○○さんのことで肩が重いですよ。

　それって単なる片思いですか（!?）

　そこで、ある日、○○さんに、大好きです。……、と告白しました。

　そして、デートを申込みました。すると、少し考えてからＯＫしてくれました。

　そして、休みの日に食事をして、それから、映画を観ることになりました。楽しい一日でした。

　その後、何回かデートを重ねました。いつも、楽しい時間を過ごしているので、２人とも「結婚」を意識するようになりました。

　ここまで、順調だったのですが、……、おつきあいをしていることを知った友人の○○さんが私の欠点を彼女に告げ口してしまったのです。「情報提供」したのです。

　そうしたら、そのことを彼女が簡単に信じてしまいました。

　事情を説明しました。……、少し時間はかかりましたが、理解してもらいました。

　２年後に、彼女にプロポーズ「出願審査請求書を提出」しました。

　……、今度は、友人の□□さんから、○○の理由で、結婚しない方がいいです。……、といった内容のことが書かれた手紙が彼女のところに届きました。

　そうしたら、彼女から簡単に「ＮＯ」という返事の書類「拒絶理由通知」が送られてきました。

　私はあわてました。それで、すぐに、それに対する反論の手紙「意見書」、「手続補正書」を書留で郵送しました。……、数日後、彼女は、その理由を理解してくれてやっと了解してくれました。

これで、「ＯＫ」という返事「登録」になったのです。
このように、たとえばなしで説明をすると理解しやすいでしょう。

● 「特許願の手続きから登録」
（１）出願
「特許願」の書類は、形式が決められています。
　たとえば、
□用紙の大きさは、Ａ列４番「Ａ４サイズ（横21cm、縦29.7cm）」です。
□用紙は、白紙を使います。
□文章は、横書きで書きます。
　……、といったようなことです。
　その形式にあてはめて書いた「特許願」は、「願書」に「明細書、特許請求の範囲、要約書、図面」を添付して、「特許庁」に提出します。

● 製法特許は図面がなくてもいい
　特許は、製法特許があります。「方法の発明」のときは、図面がなくても作品の内容の説明ができます。
　そのときは、図面を付けなくてもいい、ということです。

（２）出願日
「特許庁（〒100-8915 東京都千代田区霞が関 3-4-3 特許庁長官 殿）」に、書留を郵送、または、持参して提出します。
　その日が出願日になります。「特許庁」に郵送（書留）で提出するときは、切手の日付印（消印）が出願日になります。
□特許の出願料
　特許の出願料は、14,000 円（特許印紙）です。

（３）審査
　審査は、出願したときの「方式の審査（書類の形式、書き方などのチェック）」と、出願の日から３年以内に「出願審査請求書」を提出したときの「実

体の審査（内容の審査）」があります。
□①方式の審査
　書類が受け付けられると、方式の審査が行なわれます。
　そのとき、書類に不備があるときは、補正の指示があります。
　それが「補正命令」です。
　その書類「手続補正書」が出願人に書留の郵便で届きます。
　そして、指定された期間内に提出することになります。提出しなければ出願は「無効処分」にされてしまいます。
□②実体の審査（登録の要件）
　特許は出願の日から３年以内に「出願審査請求書」を提出すると、今度は権利を取るための条件、「新規性（新しさ）」、「進歩性（困難さ）」などの内容のチェックをします。

（４）新規性・進歩性とは
　特許の権利を取るためには、「新規性」、「進歩性」などの条件をパスすることが必要です。
□①新規性の条件
　いままでになかった「物品の形状」、「物品の構造」、その「製造方法」を見つけることです。
□②進歩性の条件
　新しい作品を考えたとき「物品の形状」、「物品の構造」、「物品の組み合わせ」などによって、新しい効果が生まれることです。
　さらに、いままでの作品と比べて、○○の作品が簡単に考えられなかったときです。

（５）手続補正
　「命令補正」と「自発補正」があります。
□①命令補正
　書類が形式どおりになっていなければ特許庁長官が出願人に補正を命じます。

その補正が「命令補正」です。
□②自発補正
　自分の意思にもとづいて自発的に補正がきます。
　ただし、自発補正には、時期、内容の制限があります。だから、何でも補正が認められるというわけではありません。

（6）出願公開
□①1年6カ月後に出願公開される
　出願の日から1年6カ月すると書類の内容がすべて「公開公報」にのって公開されます。
□②早期公開の請求もできる
　1年6カ月よりも前に特許出願人が公開を希望するときは、特許庁長官に早期公開の請求もできます。「出願公開請求書」といいます。
□③補償金請求権
　公開公報にのると、書類の内容がすべて公開されます。
　すると、他の人（第三者）が公開公報を見て、その発明の内容を実施することもできます。
　そのとき、無断で作品と同じ内容を実施しているときは、まず、その人に警告をしてください。
　そうすれば警告後の実施については、実施料にあたる補償金の請求ができます。「補償金請求権」といいます。
□④補償金の請求は設定の登録後
　補償金の請求ができるのは、特許権の設定の登録になってからです。

（7）情報提供
　出願の日から1年6カ月すると、書類はすべて「公開公報」にのって内容のすべてが公開されます。
　そのとき、公開された作品と同じ作品がすでにあるときは、だれでも特許庁長官に、刊行物、または、先願の書類の写しなどを提出できます。
　それは、公開された作品は、すでに多くの人に知られています。だか

ら、その作品の権利は取れません。……、といった情報の提供ができるというわけです。
　提出する書類を「刊行物等提出書」といいます。

（8）出願審査請求書
「特許庁」の審査官に「登録の要件」をチェックしてもらうためには、出願の日から3年以内に出願審査の請求をします。それから審査がはじまります。
　出願審査の請求料は、「138,600円＋（請求項の数×4,000円）」です。
　意匠と商標は、出願するだけで「実体の審査」のチェックをします。
　商標は、「新規性」がなくても権利は取れます。
　実用新案は、無審査で「基礎的な要件」さえOKであれば登録になります。

（9）拒絶理由通知
「出願審査請求書」を提出すると、審査官が書類の内容を見て「登録の要件」のチェックをします。
　審査官が審査をして、その結果「新規性」がありません。「進歩性」がありません。……、といった理由で、これは拒絶すべきだ、と判断したら出願人に書留の郵便で「拒絶理由通知」を届けます。
　それは、……、○○という理由で拒絶します。意見があれば申し出なさい。……、といった内容の書類です。

（10）意見書
　出願人は、「拒絶理由通知」に書いている理由を見て「意見書」を書いて、「特許庁」の審査官に送ります。
　実務的には「手続補正書」を一緒に提出することが多いようです。
　審査官は、「意見書」、「手続補正書」を見て再度判断をします。

（11）特許査定

特許の権利が取れるための条件をパスすれば「特許査定」になります。それは、拒絶の理由がないときです。

特許査定になったときは、出願人は「第1年から第3年の特許料」を納付します。そうすれば、「設定の登録」になります。

（12）拒絶査定

審査をした結果、拒絶の理由に該当するときは「拒絶査定」になります。

（13）審判

審査官が決定した「拒絶査定」に不満（不服）があるときは「審判」を請求して、もう一度審査をやりなおしてもらうことができます。

□①拒絶査定に対する拒絶査定不服審判

審査官が拒絶査定を決定した特許の出願について特許出願人がそれに不満があるときは原則として、その査定の謄本の送達の日から30日以内に「拒絶査定不服審判」の請求ができます。

□②特許無効審判

特許の要件、不特許事由、または、先願の規定に違反して特許になったものについて無効とする「特許無効審判」の請求ができます。

□③訂正審判

特許権の設定の登録後、特許権者は、特許請求の範囲の減縮、誤記の訂正、明りょうでない書き方の釈明をするときに限り、願書に添付した明細書に書いている内容、または、図面に描いている内容の範囲内について「訂正審判」の請求ができます。

（14）登録料「特許の登録料」

審査の結果、特許の権利が取れたといった査定、または、審決の謄本があった日から30日以内に第1年から第3年をまとめて納付します。

納付しないと最初からその出願はなかったことになります。

◆「特許」登録料

①	第1年から第3年まで	毎年 2,100 円に 1 請求項につき毎年 200 円を加えた額
②	第4年から第6年まで	毎年 6,400 円に 1 請求項につき毎年 500 円を加えた額
③	第7年から第9年まで	毎年 19,300 円に 1 請求項につき毎年 1,500 円を加えた額
④	第10年から第25年まで	毎年 55,400 円に 1 請求項につき毎年 4,300 円を加えた額

第3章
思いつき・ヒラメキの
作品の事例

★ 思いつき・ヒラメキが一攫千金になるヒント

●オセロゲーム

　子どもから大人まで世界各地で親しまれている"オセロゲーム"は元中外製薬（株）のセールスマンだったHさんが考えた作品です。

　薬の売上げをふやすためには、医者と碁をうつ時間を短くすることだ。……、と考えたHさん。牛乳ビンのフタに墨をぬって、相手の石をはさんだら自分の石の色にかえる。……、という源平碁がヒントになりました。

　ゲームのルールは、タテ、ヨコに8コマずつ計64コマを白と黒のコマで埋めて、最後にどちらの色のコマの数が多いかで、勝ち負けを決める。……、という具合に、ゲームのルールはきわめて簡単です。

　それでいて、やっていてつい夢中にさせる知的なゲームです。

　そして、商品名「オセロ」（ネーミング）のよさです。

　この"オセロゲーム"を見出して売り出し、ブームを演出したのは、（株）ツクダオリジナルです。

　発売時の昭和49年には、約180万個、翌年50年には、約280万個を売り上げ、熱狂的なブームが去ったいまも、ロングセラーのヒット商品になっています。

　発明者のHさんは、2億円以上のロイヤリティをもらいました。

前編

思いつき、ヒラメキのアイデアの内容を書類にまとめる

1．作品の事例：「小孔付き盃」

　手作りで、お金をかけないで、「【書類名】　特許願」の書類の書き方を一緒に学習しましょう。自分一人の力で、書類は書けるようになります。作品の事例は、盃の底の中央に小さな孔を開けた小孔付き盃です。
　この盃は、小料理屋のご主人が考えた作品です。
　実用的で、しかも、お客さんにウケて、楽しくお酒が飲めるように、と考えたそうです。……、面白そうな作品でしょう。
　この盃なら笑い（話題）も取れそうです。
　私（中本）の故郷は、長崎県西海市大瀬戸町です。九州出身です。
　だから、……、というわけではありませんが、お酒が大好きです。洒落も大好きです。
　ときどき、言葉遊び（ダジャレ）も登場します。
　面白かったら、クスッと笑いながら、笑顔で、ニコッとして、楽しんでください。楽しく、学習をすすめますので、おつきあいください。
　よろしくお願いいたします。

● 「明細書」を書くための要点をまとめてみよう
　「明細書」が○○の作品を説明するための本論です。
　　一番大切なところです。書類がむずかしい。……、というのは、「明細書」が上手く書けない。……、ということです。

第3章　思いつき・ヒラメキの作品の事例

ところが、書き方は、手紙と一緒です。順序（形式）にしたがって書くだけです。「図面（説明図）」の符号と一緒に、その構造（しくみ）、形状などを詳しく説明するだけです。
少し練習しましょう。すると、だれでも書けるようになります。

◆「説明図（図面）」

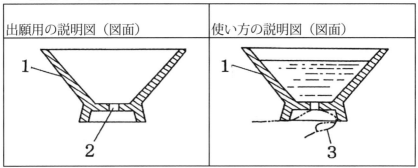

| 出願用の説明図（図面） | 使い方の説明図（図面） |

符号は、「1 盃、2 孔、3 指」です。

「特許庁（東京都千代田区霞が関3-4-3 特許庁長官 殿）」に出す手紙（書類）は、何を、どのような目的で、○○を考えたのか、○○の作品の【技術分野】 本発明のあらましを書きます。
　盃の底の中央に小さな孔を開けた小孔付き盃です。
□これが、【技術分野】です。
　いままで、どんな物品の形状、構造（しくみ）のものがあったのか、【背景技術】を書きます。
　いままで、お酒を飲むときに使用する盃は、小さい容器のものが一般的でした。
　盃の底に小さな孔が開いたものはありませんでした。
□これが、【背景技術】です。
　それには、どのような課題（問題点）があったのか、【発明の概要】、【発明が解決しようとする課題】を書きます。
　お客さんの中には、お酒が弱い人もいます。そういう人は、宴会の場

113

が辛いと思います。
　一方、お酒が強くてたくさんの人からお酒をついでもらう人も飲み過ぎないように内緒で卓下に別の容器を準備している人もいます。
　相手にわからないように、容器の上で盃を持って孔をふさいでいた指を外すとお酒を容器に移すことができるわけです。
□これが、【発明が解決しようとする課題】です。
　次に、課題（問題点）を解決するために、どのような物品の形状、構造（しくみ）にしたのか、その【課題を解決するための手段】＝「【書類名】特許請求の範囲」を書きます。
　作品の内容は、盃の底の中央に小さな孔を開けました。
□これが、【課題を解決するための手段】です。
　その結果、このように、【発明の効果】が生まれました。
　……、と書きます。
　【発明が解決しようとする課題】→【発明の効果】です。
　続けて、【発明を実施するための形態】、実施例、使い方を書きます。
　盃の底の中央に小さな孔を開けます。
　本発明は、以上のような構造です。
　この盃を使うときは、その小さな孔を下から人指し指でふさいでお酒をついでもらいます。
　ついでもらった人は、お酒を飲み干さないと中身がこぼれます。
　だから、テーブルの上に盃を置くことができません。
　これが「使い方」です。
　そうすると、お酒を良く飲んでくれるようになり、お酒もたくさん売れそうだ！　……、というわけです。
　また、面白い盃を使っているお店だ！　……、ということで話題にもなります。実用的で面白そうな作品ですよね。お店も繁盛しそうです。

●盃の先行技術（先願）を一緒に調べてみよう
　「特許情報プラットフォーム（J-PlatPat）」の「簡易検索」を開きます。検索対象を「◉特許・実用新案」にしてください。

第3章　思いつき・ヒラメキの作品の事例

　キーワード入力欄に、「盃　酒　飲」と入力し、「検索」をクリックしてください。「盃　酒　飲」に関する情報が見つかります。
「検索結果一覧」が表示されます。「文献番号」が表示されます。
「文献番号」をクリックしてください。すると、文献が表示されます。
　文献の内容が確認できます。

●どんな形の盃が販売されているか、
　インターネット「Ｙａｈｏｏ（ヤフー）」で調べてみよう
　発明家のＳさんは、盃の底の中央に小さな孔を開けた小孔付き盃を考えました。いま、どういった形状、構造の商品が販売されているか気になりますよね。では、さっそく調べてみましょう。

◆Ｙａｈｏｏ（ヤフー）
　私（中本）は、Ｙａｈｏｏ（ヤフー）で調べました。

それでは、「検索キーワードボックス」に、商品名、検索キーワードなどを入力してください。

たとえば、| 盃 |と、入力します。

続いて「検索」をクリックします。

すると、「検索結果」の下に、いろいろな情報が紹介されます。

その情報を見ながら、自分の作品と関連がありそうなところをクリックしてください。必要な情報が見つかります。

● 「特許願」の費用は、どれくらいかかるのか

○○の作品が一番だ！　最高！　……、と思ったら「特許願」の書類にまとめましょう。

でも、その費用、どれくらいかかるのですか。それが心配ですよね。

自分で書類を書けば実費（14,000円）だけで出願できます。

2〜3万円くらいなら、何とか都合ができるでしょう。

ところが、自分で書類が書けない。……、といって、プロにお願いすると、作品の内容にもよりますが書類をまとめてもらうのに、何十万円、かかります。……、ウーン、考えてしまうでしょう。

□権利が取れますか（？）　□製品化できますか（？）

それが、わからない作品に、多額の費用をかけるのはもったいない、と思う人は、自分でまとめることです。会社だって同じですよ。

お金に余裕がある人は、プロに依頼する方が手間はかからなくていいかも知れません。

ところが、費用がかかると多くの人が出願できないでしょう。

すると、残念ですけど、考えた作品がそのままになっていると思います。そういった作品は、何万件、いや、何十万件、あると思います。

そのままにしては、もったいないはなしです。

●いつでもムリはしてはいけない

　1件くらいは、なけなしの財布をはたいてプロに頼むことはできるでしょう。ところが、2件、3件となると、これは素晴らしい作品だ！
　……、と思っても手軽に出願をするというわけにはいきません。
　同じ作品を考えて、テーマ「科目」が違う作品にしても、2つ、3つは、特許を取って、それで製品化して、上手くいくことは、残念ですけどほとんどありません。
　何年もの間、製品に結びつく作品は、1,000に3つ、といわれています。
　多くの先輩もそうでした。1つ出願しても、製品できません。2つ特許になっても、上手くいきません。どこが悪いのでしょうか。
　……、と考え、悩んだのです。
　いろんなことを体験することによって目がこえ経験ができます。しかし、出願の費用などに、お金を使い過ぎると作品の製品化まで、たどり着けないことが多いです。
　だから、自分で書いて出願しましょうよ。タダの頭、手、足を使ってもムダなお金は使うな！　……、ということです。この一通の手紙「書類」で、楽しくて大きな夢を何年も見ることができます。
　盃の底に小さな孔を開けた小孔付き盃の「【書類名】　特許願」の書類を一緒に書いてみましょう。
　本書では、「……です。……ます。」調で、説明をしていますが、「特許庁」に提出する「書類の書き方」は、「……である。」調なので、「……である。」調でまとめています。

● 「明細書」の書き方の要点の整理
【発明の名称】　　小孔付き盃
★【技術分野】を書いてみましょう

【技術分野】
　本発明は、盃の底の中央に小さな孔を開けた小孔付き盃に関するものである。

◆トライ【TRY！】・試しにやってみましょう

【技術分野】

★【背景技術】を書いてみましょう

【背景技術】
　従来、お酒を飲むときに使用する盃は、小さい容器のものが一般的で、盃の底に小さな孔が開いたものはなかった。

◆トライ【TRY！】・試しにやってみましょう

【技術分野】

第3章　思いつき・ヒラメキの 作品の事例

★【発明の概要】【発明が解決しようとする課題】を書いてみましょう

> 【発明の概要】
>   【発明が解決しようとする課題】
>   これは、次のような欠点があった。
> （イ）お酒が飲めない人は、いつまでたっても盃をテーブルの上に置いたままであった。
> （ロ）お店の売り上げは少しも上がらない。
> （ハ）お酒が弱い人、たくさんの人からお酒をついでもらう人は、飲みすぎたりするので、そのすべてを飲めないので他の容器に移したりしていた。
>   しかし、これは先方に対して失礼なことであった。
>   本発明は、以上のような欠点をなくすために考えたものである。

◆トライ【ＴＲＹ！】・試しにやってみましょう

> 【発明の概要】
>   【発明が解決しようとする課題】

★【課題を解決するための手段】を書いてみましょう

【課題を解決するための手段】
盃（1）の底の中央に小さな孔（2）を開ける。
本発明は以上の構成よりなる小孔付き盃である。

◆トライ【ＴＲＹ！】・試しにやってみましょう

【課題を解決するための手段】

★【発明の効果】を書いてみましょう

【発明の効果】
（イ）お酒が弱い人、たくさんの人からお酒をついでもらう人は卓下に別の容器を置き、相手にわからないように容器の上で盃を持ち孔をふさいでいた指を外すと他の容器に移したりすることができる。
（ロ）お酒を飲み干さないとテーブルの上に置くことができないのでお酒がたくさん売れるようになる。
（ハ）お酒の宴席を盛り上がるための小道具としても使える。

◆トライ【ＴＲＹ！】・試しにやってみましょう

【発明の効果】

★【発明を実施するための形態】を書いてみましょう

【発明を実施するための形態】
以下、本発明の実施をするための形態について説明する。
盃（1）の底の中央に小さな孔（2）を開ける。
本発明は、以上のような構造である。
本発明を使用するときは、盃（1）の底の中央の小さな孔（2）を指（3）でふさいでお酒をついでもらう。
置くときは、お酒を飲み干さないとテーブルの上に置くことができない。
飲めないときは、他の人にわからないように孔をふさいでいた指を外して別の容器にお酒を移せばいい。

◆トライ【TRY！】・試しにやってみましょう

【発明を実施するための形態】

「願書(特許願)、明細書、特許請求の範囲、要約書、図面」の書き方は、次のとおりです。

●まとめ:小孔付き盃の「特許願」
(1)「願書」

「例.10,000円+1,000円×4枚=14,000円」

特許印紙	特許印紙	特許印紙

(14,000円)

【書類名】　　　　特許願
【整理番号】　　　Ｐ－２０１９－０１
【提出日】　　　　令和○年○月○日
【あて先】　　　　特許庁長官　殿
【国際特許分類】
【発明者】
　【住所又は居所】○○都○○区○○町○丁目○番○号
　【氏名】　　　　○○　○○
【特許出願人】
　【識別番号】
　【住所又は居所】○○都○○区○○町○丁目○番○号
　【氏名又は名称】○○　○○　　　　(印)又は〔識別ラベル〕
　【電話番号】　　○○－○○○○－○○○○
【提出物件の目録】
　【物件名】　　　明細書　　　　　　1
　【物件名】　　　特許請求の範囲　　1
　【物件名】　　　要約書　　　　　　1
　【物件名】　　　図面　　　　　　　1

（2）「【書類名】　明細書」

　　　　　　　　　　　　　　　　　　　　　　　　　　　　　－ 1 －

　　【書類名】　　　　明細書
　　【発明の名称】　小孔付き盃
　　【技術分野】
　　　【０００１】
　　　本発明は、盃の底の中央に小さな孔を開けた小孔付き盃に関するものである。
　　【背景技術】
　　　【０００２】
　　　従来、お酒を飲むときに使用する盃は、小さい容器のものが一般的で、盃の底に小さな孔が開いたものはなかった。
　　【先行技術文献】
　　　【特許文献】
　　　【０００３】
　　　【特許文献１】　特開○○○○－○○○○○○号公報
　　【発明の概要】
　　　【発明が解決しようとする課題】
　　　【０００４】
　　　これは、次のような欠点があった。
（イ）お酒が飲めない人は、いつまでたっても盃をテーブルの上に置いたままであった。
（ロ）お店の売り上げは少しも上がらない。
（ハ）お酒が弱い人、たくさんの人からお酒をついでもらう人は、飲みすぎたりするので、そのすべてを飲めないので他の容器に移したりしていた。
　　　しかし、これは先方に対して失礼なことであった。
　　　本発明は、以上のような欠点をなくすために考えたものである。
　　　【課題を解決するための手段】

【０００５】
　盃（１）の底の中央に小さな孔（２）を開ける。
　本発明は以上の構成よりなる小孔付き盃である。
【発明の効果】
【０００６】
（イ）お酒が弱い人、たくさんの人からお酒をついでもらう人は卓下に別の容器を置いておき相手にわからないように容器の上で盃を持ち孔をふさいでいた指を外すと他の容器に移したりすることができる。
（ロ）お酒を飲み干さないとテーブルの上に置くことができないのでお酒がたくさん売れるようになる。
（ハ）お酒の宴席を盛り上がるための小道具としても使える。
【図面の簡単な説明】
【０００７】
【図１】　本発明の断面図である。
【図２】　本発明の使用状態を示した断面図である。
【発明を実施するための形態】
【０００８】
　以下、本発明の実施をするための形態について説明する。
　盃（１）の底の中央に小さな孔（２）を開ける。
　本発明は、以上のような構造である。
　本発明を使用するときは、盃（１）の底の中央の小さな孔（２）を指（３）でふさいでお酒をついでもらう。
　置くときは、お酒を飲み干さないとテーブルの上に置くことができない。
　飲めないときは、他の人にわからないように孔をふさいでいた指を外して別の容器にお酒を移せばいい。

第3章　思いつき・ヒラメキの作品の事例

【符号の説明】
　【0009】
　　　1　盃
　　　2　孔
　　　3　指

（3）「特許請求の範囲」

【書類名】　特許請求の範囲
【請求項1】
　盃（1）の底の中央に小さな孔（2）を開けた小孔付き盃。

（4）「要約書」

【書類名】　要約書
【要約】
【課題】　盃の底の中央に小さな孔を開けた小孔付き盃を提供する。
【解決手段】　盃（1）の底に孔（2）を開けたことを特徴とする。
【選択図】　図1

（5）「図面」

【書類名】　図面
【図１】

【図２】

　　　　　1　盃
　　　　　2　孔
　　　　　3　指

2．作品の事例：
「キュウリをまっすぐに育てる長筒状の補助具」

　本発明は、たとえば、キュウリのような青果実を均整よく生育させて、そのまま包装することができるように工夫したキュウリをまっすぐに育てる長筒状の補助具です。
　物品の形状は簡単ですが、だれも気がつかなかった新しさがあります。
□これが、【技術分野】です。
　いままで、キュウリなどの青果実は、自然の生育にまかせていました。
□これが、【背景技術】です。
　キュウリは、一直線にまっすぐ伸びたものが、お店の人にも、消費者にも喜ばれます。
（イ）キュウリの尖端が湾曲したもの、弓形になったりして、不揃いに育っていました。
（ロ）箱詰、運搬に不便でした。
（ハ）市場に、そのまま出荷すると値段も安くなっていました。
□これが、【発明が解決しようとする課題】です。
　そこで、キュウリをまっすぐに育てる長筒状の補助具を考えたのです。
　補助具（1）の片側の開口部（2）に切り込み（3）を入れました。
□これが、【課題を解決するための手段】です。
　この補助具を約2～3㎝に育ったキュウリに、取り付けます。これが「使い方」です。
　すると、キュウリは補助具の筒壁にそって自然に成育し、形が矯正されながら、補助具の内部に密着するまで充分に成長します。
（イ）キュウリのような青果実を、すべて均整のとれた均一の規格で収穫できる。
（ロ）補助具はそのまま包装用の袋として使えるので、それをそのまま箱詰めにして出荷すれば、運搬中にキズをつけることもない。
□これが、【発明の効果】です。
　以上のような内容の作品です。上手く考えたものです。こうして「キュ

第3章　思いつき・ヒラメキの作品の事例

ウリをまっすぐに育てる長筒状の補助具」が誕生しました。
　それでは、「キュウリをまっすぐに育てる長筒状の補助具」の「【書類名】　特許願」の書類を一緒に書いてみましょう。

◆「説明図（図面）」

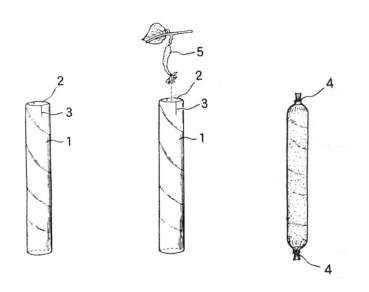

　符号は、「1　補助具、2　開口部、3　切り込み、4　止め具、5　キュウリ」です。

　本書では、「……です。……ます。」調で、説明をしていますが、特許庁に提出する「書類の書き方」は、「……である。」調なので、「……である。」調でまとめています。

● 「【書類名】 明細書」の書き方の要点の整理
【発明の名称】　キュウリをまっすぐに育てる長筒状の補助具
★【技術分野】を書いてみましょう

　　【技術分野】
　　　本発明は、たとえば、キュウリのような青果実を均整よく生育させて、そのまま包装することができるように工夫したキュウリをまっすぐに育てる長筒状の補助具に関するものである。

◆トライ【ＴＲＹ！】・試しにやってみましょう

　　【技術分野】

★【背景技術】を書いてみましょう

　　【背景技術】
　　　従来、キュウリなどの青果実は、自然の生育にまかせていた。

◆トライ【ＴＲＹ！】・試しにやってみましょう

　　【背景技術】

★ 【発明の概要】【発明が解決しようとする課題】を書いてみましょう

> 【発明の概要】
> 　【発明が解決しようとする課題】
> 　これは次のような欠点があった。
> （イ）キュウリの尖端が湾曲したもの、弓形になったりして、不揃いに育っていた。
> （ロ）箱詰、運搬に不便であった。
> （ハ）市場に、そのまま出荷すると値段も安くなっていた。
> 　本発明は、以上のような欠点を解決するためになされたものである。

◆トライ【TRY!】・試しにやってみましょう

> 【発明の概要】
> 　【発明が解決しようとする課題】

★【課題を解決するための手段】を書いてみましょう

【課題を解決するための手段】
補助具（1）の片側の開口部（2）に切り込み（3）を入れる。
以上のように構成されたキュウリをまっすぐに育てる長筒状の補助具である。

◆トライ【ＴＲＹ！】・試しにやってみましょう

【課題を解決するための手段】

★【発明の効果】を書いてみましょう

【発明の効果】
（イ）キュウリのような青果実を、すべて均整のとれた均一の規格で収穫できる。
（ロ）補助具をそのまま包装用の袋として使えるので、それをそのまま箱詰めにして出荷すれば」、運搬中にキズをつけることもない。

◆トライ【ＴＲＹ！】・試しにやってみましょう

【発明の効果】

第3章　思いつき・ヒラメキの作品の事例

★【発明を実施するための形態】を書いてみましょう

【発明を実施するための形態】
　以下、本発明の実施の形態について説明する。
　補助具（1）の片側の開口部（2）に切り込み（3）を入れる。
　本発明は、以上のような構造である。
　本発明の使い方を説明する。
　約2～3㎝に育ったキュウリ（5）に、補助具（1）を取り付ける。
　補助具（1）の大きさは、直径、約2.5～3㎝、長さ、約20～25㎝にする。
　補助具（1）の一端の切り込み（3）を内側へ折り曲げて、キュウリ（5）のつるに止める。
　キュウリ（5）は補助具（1）の筒壁にそって自然に成育する。形が矯正されながら補助具（1）の内部に密着するまで充分に成長したときは、直線状の均整の取れたキュウリを収穫することができる。
　キュウリを採取したあとは、補助具（1）をそのまま包装用の袋として使用できる。
　補助具（1）の両端を止め具（4）で固定すれば、鮮度を長く保つことができる。

◆トライ【TRY!】・試しにやってみましょう

【発明を実施するための形態】

「願書（特許願）、明細書、特許請求の範囲、要約書」の書き方、「図面」の描き方は、次のとおりです。

●まとめ・キュウリをまっすぐに育てる長筒状の補助具の「特許願」
（1）「願書」

「例.10,000円＋1,000円×4枚＝14,000円」

特許印紙	特許印紙	特許印紙

（14,000円）

【書類名】　　　特許願
【整理番号】　　Ｐ－２００９－０１
【提出日】　　　令和〇年〇月〇日
【あて先】　　　特許庁長官　殿
【国際特許分類】　Ａ０１Ｇ７／０６
【発明者】
　【住所又は居所】　〇〇都〇〇区〇〇町〇丁目〇番〇号
　【氏名】　　　　〇〇　〇〇
【特許出願人】
　【識別番号】　　〇〇〇〇〇〇〇〇
　【住所又は居所】　〇〇都〇〇区〇〇町〇丁目〇番〇号
　【氏名又は名称】　〇〇　〇〇　　（印）又は〔識別ラベル〕
　【電話番号】　　〇〇－〇〇〇〇－〇〇〇〇
【提出物件の目録】
　【書類名】　　　明細書　　　　　　１
　【書類名】　　　特許請求の範囲　　１
　【書類名】　　　要約書　　　　　　１
　【書類名】　　　図面　　　　　　　１

---

(2)「明細書」

―1―

【書類名】　　　　明細書
【発明の名称】　　キュウリをまっすぐに育てる長筒状の補助具
【技術分野】
　【０００１】
　本発明は、たとえば、キュウリのような青果実を均整よく生育させて、そのまま包装することができるように工夫したキュウリをまっすぐに育てる長筒状の補助具に関するものである。
【背景技術】
　【０００２】
　従来、キュウリなどの青果実は、自然の生育にまかせていた。
【先行技術文献】
　【特許文献】
　【０００３】
　【特許文献１】特開○○○○－○○○○○○号公報
【発明の概要】
　【発明が解決しようとする課題】
　【０００４】
　これは、次のような欠点があった。
（イ）キュウリの尖端が湾曲したもの、弓形になったりして、不揃いに育っていた。
（ロ）したがって、箱詰、運搬に不便であった。
（ハ）市場に、そのまま出荷すると値段も安くなっていた。
　本発明は、以上のような欠点を解決するためになされたものである。
　【課題を解決するための手段】
　【０００５】
　補助具（１）の片側の開口部（２）に切り込み（３）を入れる。
　以上のように構成されたキュウリをまっすぐに育てる長筒状の補助具である。

【発明の効果】
【０００６】
（イ）キュウリのような青果実を、すべて均整の取れた均一の規格で収穫できる。
（ロ）補助具をそのまま包装袋として使えるので、それをそのまま箱詰めにして出荷すれば、運搬中にキズを付けることもない。
【図面の簡単な説明】
【０００７】
【図１】　本発明の斜視図である。
【図２】　本発明の取り付け方を示した斜視図である。
【図３】　本発明の包装状態を示した斜視図である。
【発明を実施するための形態】
【０００８】
以下、本発明の実施の形態について説明する。
補助具（１）の片側の開口部（２）に切り込み（３）を入れる。
本発明は、以上のような構造である。
本発明の使い方を説明する。
約２～３㎝に育ったキュウリ（５）に、補助具（１）を取り付ける。
補助具（１）の大きさは、直径、約2.5～3㎝、長さ約20～25㎝にする。
補助具（１）の一端の切り込み（３）を内側へ折り曲げて、キュウリ（５）のつるに止める。
キュウリ（５）は補助具（１）の筒壁にそって自然に成育する。形が矯正されながら補助具（１）の内部に密着するまで充分に成長したときは、直線状の均整の取れたキュウリを収穫することができる。
キュウリを採取したあとは、補助具（１）をそのまま包装用の袋として使用できる。
補助具（１）の両端を止め具（４）で固定すれば、鮮度を長く保つことができる。

【符号の説明】

【0009】
    1　補助具
    2　開口部
    3　切り込み
    4　止め具
    5　キュウリ

（3）「特許請求の範囲」の形式

【書類名】　特許請求の範囲
【請求項1】
　補助具（1）の片側の開口部（2）に切り込み（3）を入れたことを特徴とするキュウリをまっすぐに育てる長筒状の補助具。

（4）「要約書」

【書類名】　要約書
【要約】
【課題】　本発明は、たとえば、キュウリのような青果実を均整よく生育させて、そのまま包装することができるように工夫したキュウリをまっすぐに育てる長筒状の補助具を提供する。
【解決手段】　補助具（1）の片側の開口部（2）に切り込み（3）を入れたことを特徴とする。
【選択図】　図1

（5）「図面」

― 1 ―

【書類名】　図面
【図1】

【図2】

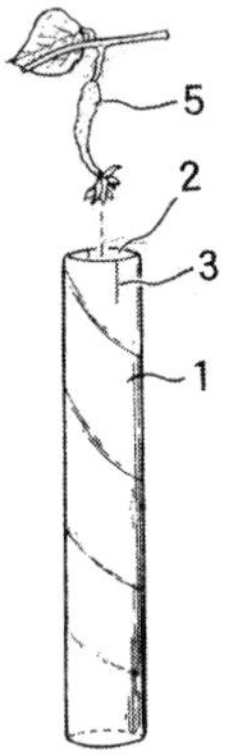

第3章　思いつき・ヒラメキの 作品の事例

−2−

【図3】

1　補助具
2　開口部
3　切り込み
4　止め具
5　キュウリ

3．作品の事例：コンブで作った「ぐい飲み」

　コンブは、全国の観光地で、地域の特産品を販売されています。
　たとえば、昆布を乾燥させて、袋に入れて販売することが一般的です。
　でも、そのまま、販売しても、コンブ自体は、珍しくないから、売り上げも期待できません。
　そこで、加工して、販売することを考えました。
　たとえば、コンブの「ぐい飲み」です。
　ヒントになったのが、イカの胴体で作ったコップです。
　それにお酒を入れて飲むと美味しいのです。あとで、コップを焼くと、つまみになります。お酒が沁み込んでいるので、美味しいのです。
　そこで、イカの胴体で作ったコップのように、コンブでコップを作れないか、……、と考えたのです。
　それから、試作品を作ることにしました。
　まず、昆布を焼きました。
　それを、粉末にしました。粉末にするまでには、何回も実験（テスト）をくりかえしました。
　今度は、粉末にしたものに、でんぷんを混ぜて、練りました。
　すると、団子のようになりました。
　それを、ヘラを使って、広げて、粘土細工のようにして、コップを作ってみました。
　上手にできたので、お酒をついで飲んでみました。コンブの味がしみでて、とても美味しいのです。
　しかも、健康にも良さそうな気がします。
　以下、本発明の実施の形態について説明します。
　第1工程
　昆布を電子レンジなどで焼いて乾燥させ、砕いて粉末にします。
　第2工程
　上記の昆布の粉末に、適量のうるち米粉末ととろろ昆布を加えます。
　加工比率は次の通りです。

昆布の粉末　　　約７０％
うるち米の粉末　約２０％
とろろ昆布　　　約１０％
第３工程
第２工程を経たものに適量の水を加えて、練りうすで１０分程度練り上げ、粘土状物にします。
このとき化学調味料入りの水を使用してもいいです。
第４工程
第３工程でできた粘土状物を素材として、銚子、ぐい飲み、コップなど成型物に形成します。
この場合、必要に応じてロクロを使用してもいいです。
第５工程
上記成型物をせいろに入れて、100℃の蒸気により処理します。
成型物がいわゆる蒸しあがったとき取り出して、自然乾燥させ、最終製品を得ます。
成型物を作る過程で、うるち米の粉末が混入されているために型くずれを防ぎ、とろろ昆布の混入は、粘着力、強度を与えます。
コンブの「ぐい飲み」を、製造方法の発明として、「特許願」に出願しましょう。すると、コンブの「ぐい飲み」は、特許（発明）という知的財産権で守れます。
それでは、この作品「ぐい飲み」の「特許願」の書類を書いてみましょう。
本書では、「……です。……ます。」調で、説明をしていますが、特許庁に提出する「書類の書き方」は、「……である。」調なので、「……である。」調でまとめています。

● 「明細書」の書き方の要点を整理
【発明の名称】　昆布成型品の製造方法

★【技術分野】を書いてみましょう

> 【技術分野】
> 　本発明は、昆布を利用したぐい飲み、銚子、コップなど、昆布成型品の製造方法に関するものである。

◆トライ【ＴＲＹ！】・試しにやってみましょう

> 【技術分野】

★【背景技術】を書いてみましょう

> 【背景技術】
> 　従来、昆布は佃煮類、とろろ昆布など、主に食品として利用されている。
> 　また、昆布を用いた成型品として、乾燥昆布を水に浸漬して柔らかくしたあと、鍋型の成型容器で、鍋の形状にする昆布を用いた鍋とその製造方法が知られている。

◆トライ【ＴＲＹ！】・試しにやってみましょう

> 【背景技術】

第3章 思いつき・ヒラメキの作品の事例

★【発明が解決しようとする課題】を書いてみましょう
（従来の欠点を書きます）

【発明が解決しようとする課題】
　これは、次のような欠点があった。
（イ）昆布は佃煮類、とろろ昆布などに、利用方法が限られていた。
（ロ）鍋型の成型容器で、鍋の形状にした昆布成型品は、注がれた水、お湯によって型くずれの心配があり長時間の使用に適さなかった。
　本発明は以上の問題点を解決し、昆布の特性を生かしながら食品以外にも幅広く利用しようとするものである。
　本発明は、以上のような欠点をなくすために考えたものである。

◆トライ【TRY！】・試しにやってみましょう

【発明が解決しようとする課題】

★【課題を解決するための手段】を書いてみましょう

【課題を解決するための手段】
　昆布の粉末に、適量のうるち米粉末ととろろ昆布を混合して練り、粘土状物にして、ぐい飲み、銚子などの成型物を形成する。
　その後、せいろなどで蒸して乾燥させる。
　以上を特徴とする昆布成型品の製造方法である。

◆トライ【TRY!】・試しにやってみましょう

【課題を解決するための手段】

★【発明の効果】を書いてみましょう

【発明の効果】
(イ) 昆布成型品の銚子、ぐい飲みは、中身の酒に、昆布の香り、エキス、栄養素、味が移り、酒を美味にする。
(ロ) 使用済みの昆布成型品は、そのまま食品、酒のつまみにして食することができる。
(ハ) うるち米粉末ととろろ昆布を混合して練ることで、強度が増し、長時間の使用でも型くずれの心配がない。

◆トライ【TRY!】・試しにやってみましょう

【発明の効果】

★【発明を実施するための形態】を書いてみましょう

【発明を実施するための形態】
以下、本発明の実施をするための形態について説明する。
第1工程
昆布を電子レンジなどで焼いて乾燥させ、砕いて粉末にする。
第2工程
上記の昆布の粉末に、適量のうるち米粉末ととろろ昆布を加える。
加工比率は次の通り。
昆布の粉末　　　約70％
うるち米の粉末　約20％
とろろ昆布　　　約10％
第3工程
第2工程を経たものに適量の水を加えて、練りうすで10分程度練り上げ、粘土状物にする。
このとき化学調味料入りの水を使用してもいい。
第4工程
第3工程でできた粘土状物を素材として、銚子、ぐい飲み、コップなど成型物に形成する。
この場合、必要に応じてロクロを使用してもいい。
第5工程
上記成型物をせいろに入れて、100℃の蒸気により処理する。
成型物がいわゆる蒸しあがったとき取り出して、自然乾燥させ、最終製品を得る。
成型物を作る過程で、うるち米の粉末が混入されているために型くずれを防ぎ、とろろ昆布の混入は、粘着力、強度を与える。

◆トライ【ＴＲＹ！】・試しにやってみましょう

【発明を実施するための形態】

第3章　思いつき・ヒラメキの作品の事例

「願書（特許願）、明細書、特許請求の範囲、要約書」の書き方は、次の通りです。

●まとめ：昆布成型品の製造方法の「特許願」
（１）「願書」

```
「例.10,000円＋1,000円×4枚＝14,000円」

  ┌────┬────┬────┐
  │特許│特許│特許│
  │印紙│印紙│印紙│
  └────┴────┴────┘

（14,000円）


【書類名】      特許願
【整理番号】    Ｐ－２０１９－０１
【提出日】      令和１年〇月〇〇日
【あて先】      特許庁長官　殿
【国際特許分類】
【発明者】
  【住所又は居所】〇〇都〇〇区〇〇町〇丁目〇番〇号
  【氏名】        〇〇　〇〇
【特許出願人】
  【識別番号】
  【住所又は居所】〇〇都〇〇区〇〇町〇丁目〇番〇号
  【氏名又は名称】〇〇　〇〇　　　（印）又は〔識別ラベル〕
  【電話番号】    〇〇－〇〇〇〇－〇〇〇〇
【提出物件の目録】
  【物件名】      明細書            1
  【物件名】      特許請求の範囲    1
  【物件名】      要約書            1
```

（2）「明細書」

―1―

【書類名】　　　　明細書
【発明の名称】昆布成型品の製造方法
【技術分野】
　【０００１】
　本発明は、昆布を利用したぐい飲み、銚子、コップなど、昆布成型品の製造方法に関するものである。
【背景技術】
　【０００２】
　従来、昆布は佃煮類、とろろ昆布など、主に食品として利用されている。また、昆布を用いた成型品として、乾燥昆布を水に浸漬して柔らかくしたあと、鍋型の成型容器で、鍋の形状にする昆布を用いた鍋とその製造方法が知られている。
【先行技術文献】
　【特許文献】
　【０００３】
　【特許文献１】　特開〇〇〇〇－〇〇〇〇〇〇号公報
【発明の概要】
　【発明が解決しようとする課題】
　【０００４】
（イ）昆布は佃煮類、とろろ昆布などに、利用方法が限られていた。
（ロ）鍋型の成型容器で鍋形状にした昆布成型品は、注がれた水、お湯によって型くずれの心配があり長時間の使用に適さなかった。
　本発明は、以上の問題点を解決し、昆布の特性を生かしながら食品以外にも幅広く利用しようとするものである。
　【課題を解決するための手段】
　【０００５】
　昆布の粉末に、適量のうるち米粉末ととろろ昆布を混合して練り、粘土状物にして、ぐい飲み、銚子などの成型物を形成する。

その後、せいろなどで蒸して乾燥させる。
以上を特徴とする昆布成型品の製造方法である。
【発明の効果】
【０００６】
（イ）昆布成型品の銚子、ぐい飲みは、中身の酒に、昆布の香り、エキス、栄養素、味が移り、酒を美味にする。
（ロ）使用済みの昆布成型品は、そのまま食品、酒のつまみにして食することができる。
（ハ）うるち米粉末ととろろ昆布を混合して練ることで、強度が増し、長時間の使用でも型くずれの心配がない。
【発明を実施するための形態】
【０００７】
以下、本発明の実施の形態について説明する。
第１工程
昆布を電子レンジなどで焼いて乾燥させ、砕いて粉末にする。
第２工程
上記の昆布の粉末に、適量のうるち米粉末ととろろ昆布を加える。
加工比率は次の通り。
昆布の粉末　　　約７０％
うるち米の粉末　約２０％
とろろ昆布　　　約１０％
第３工程
第２工程を経たものに適量の水を加えて、練りうすで１０分程度練り上げ、粘土状物にする。
このとき化学調味料入りの水を使用してもいい。
第４工程
第３工程でできた粘土状物を素材として、銚子、ぐい飲み、コップなど成型物に形成する。

この場合、必要に応じてロクロを使用してもいい。
第5工程
　上記成型物をせいろに入れて、１００℃の蒸気により処理する。
　成型物がいわゆる蒸しあがったとき取り出して、自然乾燥させ、最終製品を得る。
　成型物を作る過程で、うるち米の粉末が混入されているために型くずれを防ぎ、とろろ昆布の混入は粘着力や強度を与える。

（3）「特許請求の範囲」

【書類名】 特許請求の範囲
【請求項1】
　昆布の粉末に適量のうるち米粉末ととろろ昆布を混合して練り、粘土状物にして、ぐい飲み、銚子などの成型物を形成し、その後、せいろなどで蒸して乾燥させることを特徴とする昆布成型品の製造方法。

（4）「要約書」

【書類名】 要約書
【要約】
【課題】 昆布を利用したぐい飲み、銚子、コップなど、昆布を原料とする成型品の製造方法を提供する。
【解決手段】 昆布の粉末に適量のうるち米粉末ととろろ昆布を混合して練り、粘土状物にして、ぐい飲み、銚子などの成型物を形成し、その後、せいろなどで蒸して乾燥させることを特徴とする。

後編

思いつき、ヒラメキのアイデア「特許願」の書類を自分でまとめる

1．練習問題：「窓を付けた懐中電灯」

　本発明は、懐中電灯の頭部の下方に、窓を付けた懐中電灯です。
□これが、【技術分野】です。
　いままでの懐中電灯は、前方を照らすのみでした。そのため、足もとが暗く不便でした。
□これが、【背景技術】です。
　そのため、先の方ばかりでなく足もとを照らしてくれると都合がいいのに、……、と思っていました。
　そこで、考えたのが、いままで使っている懐中電灯の本体の頭部の下方に窓を付けた懐中電灯です。
□これが、【課題を解決するための手段】です。
　すると、足もとの方向に光が出るようになり、懐中電灯の下方も明るくなります。その結果、前方だけでなく、足もとも明るくできます。
□これが、【発明の効果】です。
　以下、本発明を実施するための形態について説明します。
　懐中電灯の本体の頭部の下方に窓を付けました。
　本発明は、以上のような構造です。
　本発明を使用するときは、懐中電灯を手に持って電源のスイッチを入れると、前方と下方の両方向を照らすことができます。
□これが、【発明を実施するための形態】です。
　以上のような内容の作品です。上手く考えた作品です。

第3章　思いつき・ヒラメキの作品の事例

こうして「窓を付けた懐中電灯」が誕生したわけです。
　この「窓を付けた懐中電灯」を、出願する内容に合わせて、ポイントを理解してみましょう。
　それでは、「窓を付けた懐中電灯」の「特許願」の書類を書いてみましょう。

● 「説明図（図面）」

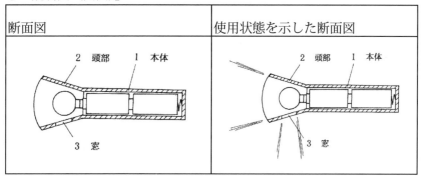

　符号は、「1　本体、2　頭部、3　窓」です。

　本書では、「……です。……ます。」調で、説明をしていますが、「特許庁」に提出する「書類の書き方」は、「……である。」調なので、「……である。」調でまとめています。

● 「【書類名】　明細書」の要点を書いてみよう
★【発明の名称】

【発明の名称】　窓を付けた懐中電灯

★【技術分野】◆ そのまま使える書き方 ◆

【技術分野】 　本発明は、…………………（発明の名称）に関するものである。

155

◆【技術分野】を書いてみましょう

```
【技術分野】
```

★【背景技術】◆そのまま使える書き方◆

```
【背景技術】
従来、……………………………………………………………………。
```

◆【背景技術】を書いてみましょう

```
【背景技術】
```

★【発明が解決しようとする課題】◆そのまま使える書き方◆

```
【発明が解決しようとする課題】
これは、次のような欠点があった。
……………………………………………………………………………………
………………………………………………………………。
本発明は、以上のような欠点をなくすためになされたものである。
```

◆【発明が解決しようとする課題】を書いてみましょう

```
【発明が解決しようとする課題】
```

★【発明を実施するための形態】◆そのまま使える書き方◆

【発明を実施するための形態】
　以下、本発明を実施するための形態について説明する。
　………………………………………………………………………………
………………………………………………………………。
　本発明は、以上のような構造である。
　本発明を使用するときは、………………………………………………
………………………………。

◆【発明が解決しようとする課題】を書いてみましょう

【発明を実施するための形態】

●まとめ：窓を付けた懐中電灯の「特許願」

（1）「願書」を書いてみましょう

「例.10,000円＋1,000円×4枚＝14,000円」

特許印紙	特許印紙	特許印紙

（14,000円）

【書類名】　　　　　特許願
【整理番号】　　　　Ｐ－
【提出日】　　　　　令和　年　月　　日
【あて先】　　　　　特許庁長官　殿
【国際特許分類】
【発明者】
　【住所又は居所】
　【氏名】
【特許出願人】
　【識別番号】
　【住所又は居所】
　【氏名又は名称】　　　　　　　　（印）又は〔識別ラベル〕
　【電話番号】
【提出物件の目録】
　【物件名】　　　　明細書　　　　　　1
　【物件名】　　　　特許請求の範囲　　1
　【物件名】　　　　要約書　　　　　　1
　【物件名】　　　　図面　　　　　　　1

（2）「明細書」を書いてみましょう

```
                                                    － 1 －
  【書類名】      明細書
  【発明の名称】
  【技術分野】
    【０００１】




  【背景技術】
    【０００２】




  【先行技術文献】
    【特許文献】
    【０００３】
    【特許文献１】
  【発明の概要】
    【発明が解決しようとする課題】
    【０００４】




    【課題を解決するための手段】
    【０００５】
```

【発明の効果】
【0006】

【図面の簡単な説明】
　【0007】
　【図1】
　【図2】
【発明を実施するための形態】
　【0008】

【符号の説明】
　【0009】
　　1
　　2
　　3

第3章　思いつき・ヒラメキの作品の事例

（3）「特許請求の範囲」を書いてみましょう

【書類名】　特許請求の範囲
【請求項1】

（4）「要約書」を書いてみましょう

【書類名】　要約書
【要約】
【課題】

【解決手段】

【選択図】

（5）「図面」を描いてみましょう

【書類名】　図面
【図１】

【図２】

2．練習問題「箸置きを付けた割り箸」

　割り箸は、多くの人がコンビニの弁当、駅弁などを食べるとき、レストラン、居酒屋などで、食事、酒宴のときに使います。
　割り箸は、厚さ数ミリ、長さは、15〜20cm位の直方体の割り箸です。
　この割り箸の中央部の長手方向に割れ目を入れます。
　この割れ目から左右に２つに割って、１対の箸として使います。
　このように、割り箸は、手軽に使えて、とても便利です。
　だけど、欠点もあります。それは、箸置きが付いていないことです。
　また、１回使うだけで、使い捨てです。それでは、環境上問題もあります。
　いままでは、箸置きがないときは、割り箸を皿、鉢などの上に置いていました。
　そこで、割り箸と箸置きを一体にした箸置きを割り箸から切り離して使えるように工夫した、箸置きを付けた割り箸です。
　→これが、【技術分野】です。
　いままでの割り箸は、細長い直方体の１本の割り箸でした。
　→これが、【背景技術】です。
「箸置きを付けた割り箸」は、１本の割り箸本体の箸の部分に割れ目を入れます。
　箸の上端部に箸置きを一体にします。箸の上端部に凹部を付けた箸置きを付け、その間に、V字形の折れ目を入れます。
　使うときに、箸置きを箸の上端部から切り離します。
　この「箸置きを付けた割り箸」は、構造が簡単です。しかも、使うときに、いつでも、どこでも、箸置きが使えます。
　たとえば、弁当を食べるとき、飲料店などで、割り箸を使うときは、割り箸を手にとって、V字形の折れ目から２つに割ると、箸置きができるので、割り箸を衛生的に使えます。
　→これが、【発明を実施するための形態】です。
　テーブル、食器の上に割り箸を置くこともなく衛生的です。

テーブルの上が雑然とすることなく、落ち着いた雰囲気で食事を楽しむことができます。
　箸置きには、割り箸を置きやすくするために凹部を付けて、安定した状態で、割り箸を箸置きに置くことができます。
　→これが、【発明の効果】です。
　箸置きに割り箸を置くことによって、食卓の見栄えも良く、食事、酒宴を楽しむことができます。
　しかも、箸を持ち帰えれば、家でも使えます。
　それでは、「箸置きを付けた割り箸」の手紙「特許願」の書類を書いてみましょう。

● 「説明図（図面）」

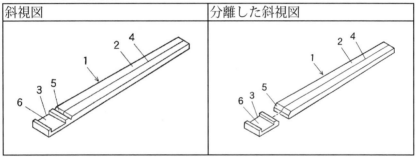

　符号は、「1 箸本体、2 割り箸、3 箸置き、4 割れ目、5 折れ目、6 凹部」です。

　本書では、「……です。……ます。」調で、説明をしていますが、特許庁に提出する「書類の書き方」は、「……である。」調なので、「……である。」調でまとめています。

第3章 思いつき・ヒラメキの作品の事例

● 「【書類名】 明細書」の要点を書いてみよう
★ 【発明の名称】

> 【発明の名称】 箸置きを付けた割り箸

★ 【技術分野】◆そのまま使える書き方◆

> 【技術分野】
> 　本発明は、………………………………………………………………
> …………………（発明の名称）に関するものである。

◆ 【技術分野】を書いてみましょう

> 【技術分野】

★ 【背景技術】◆そのまま使える書き方◆

> 【背景技術】
> 　従来、………………………………………………………………。

◆ 【背景技術】を書いてみましょう

> 【背景技術】

★【発明が解決しようとする課題】◆そのまま使える書き方◆

【発明が解決しようとする課題】
これは、次のような欠点があった。
（イ）………………………………………………………………。
（ロ）………………………………………………………………。

本発明は、以上のような欠点をなくすためになされたものである。

◆【発明が解決しようとする課題】を書いてみましょう

【発明が解決しようとする課題】

★【発明を実施するための形態】◆そのまま使える書き方◆

> 【発明を実施するための形態】
> 　以下、本発明を実施するための形態について説明する。
> 　………………………………………………………………………………
> ………………………………………………………………。
> 　本発明は、以上のような構造である。
> 　本発明を使用するときは、………………………………………………
> ……………………………………。

◆【発明が解決しようとする課題】を書いてみましょう

> 【発明を実施するための形態】

●まとめ：ハートの形のバケツの「特許願」
（1）「願書」を書いてみましょう

「例．10,000 円＋ 1,000 円× 4 枚＝ 14,000 円」

特許印紙	特許印紙	特許印紙

（14,000 円）

【書類名】　　　　　特許願
【整理番号】　　　　P－
【提出日】　　　　　令和　年　月　日
【あて先】　　　　　特許庁長官　殿
【国際特許分類】
【発明者】
　【住所又は居所】
　【氏名】
【特許出願人】
　【識別番号】
　【住所又は居所】
　【氏名又は名称】　　　　　　　（印）又は〔識別ラベル〕
　【電話番号】
【提出物件の目録】
　【物件名】　　　明細書　　　　　　1
　【物件名】　　　特許請求の範囲　　1
　【物件名】　　　要約書　　　　　　1
　【物件名】　　　図面　　　　　　　1

(2)「明細書」を書いてみましょう

```
                                              － 1 －
　【書類名】　　　　明細書
　【発明の名称】
　【技術分野】
　　【０００１】



　【背景技術】
　　【０００２】



　　【先行特許文献】
　　【技術文献】
　　【０００３】
　　【特許文献１】

　【発明の概要】
　　【発明が解決しようとする課題】
　　【０００４】
```

【課題を解決するための手段】
【0005】

【発明の効果】
【0006】

【図面の簡単な説明】
　【0007】
　【図1】
　【図2】

第3章 思いつき・ヒラメキの 作品の事例

－3－

【発明を実施するための形態】
　【0008】

【符号の説明】
　【0009】
　　　1
　　　2
　　　3

（3）「特許請求の範囲」を書いてみましょう

【書類名】　特許請求の範囲
【請求項1】

（4）「要約書」を書いてみましょう

【書類名】　要約書
【要約】
【課題】

【解決手段】

第3章 思いつき・ヒラメキの作品の事例

(5)「図面」を描いてみましょう

【書類名】 図面
【図1】

【図2】

3．練習問題：「洗濯機の糸くず取り具」

●試作品を作り、実験（テスト）の成果が製品につながる
□①手作りで試作品が作れる範囲内から、テーマ「科目」を選ぶ

　思いついた作品、手作りで、試作品を作ってみてください。

　だけど、最初は、上手く作れないでしょう。それで、いいんですよ。

　ところが、一試作ごとに、上手くできます。すると、近い将来、製品に結びつけたい。……、と思う気持ちが強くなります。

　だから、手作りで、試作品、作っていただきたいのです。

　そして、実験（テスト）をしていただきたいのです。

　その成果が製品につながるのです。試作品は、製品に結びつける1番大切な「心臓部」です。

　発明家の中には、製品にならない。……、とグチをいう人がいます。

　その理由ですか。……、気が付いていると思いますが、それは、手作りで試作品が作れる範囲内から、テーマ「科目」を選んでいないのです。
□②満足するまで、試作品を作り、実験（テスト）をして改良しよう
「洗濯機の糸くず取り具」は、町の発明家で、超有名なSさんが考えた作品です。そのスポンサーになったのが、(株)ダイヤコーポレーション（東京都中野区）です。Sさんは、3億円近い「ロイヤリティ（特許の実施料）」をもらいました。
「洗濯機の糸くず取り具」は、ヒット商品になりました。

　製品に結びつくまでの過程を、ご本人から聞いたことがあります。

　作品の要点をご紹介しましょう。白のワイシャツ、セーターを洗ったあと、水面を見ると、糸くずが浮かんでいたのです。

　そこで、うどんをすくい取るように、袋で糸くずをすくい取ったら、……、と思ってストッキングを輪切りにして尻を結びました。

　それに、柄を付けた糸くず取り具
を作ったのです。

　そして、使ってみました。すると、靴下を干したとき、糸くずが付いていませんでした。それが、何日か続きました。ある日、疲れて、その

第3章　思いつき・ヒラメキの作品の事例

手をじっと止めていました。浮いた糸くずは、水の流れにしたがって袋の中にどんどん流れ込みました。……、ハッとして、それから、袋を洗濯機に取り付けたら、自然に糸くずが取れることがわかったのです。

　Sさんは、手作りで試作品を作りました。実験（テスト）をしました。そして、効果を確認しました。その結果をまとめて、その都度、満足するまで、改良しました。その結果、ヒット商品につながったのです。

　Sさんは、どのような書類にまとめたのか、気になりますよね。

　では、一緒にまとめてみましょう。

●練習問題「洗濯機の糸くず取り具」
　この作品は、洗濯機の水中にただよったり、浮いている糸くず、綿ぼこりを自動的に取り除く、洗濯機の糸くず取り具です。

　→これが、【技術分野】です。

　いままで、洗濯機で、セーター、ワイシャツなどを洗ったとき、糸くず、綿ぼこりまで、吸い取ってしまうようになった。

　その結果、衣類からでた、糸くず、綿ぼこりが、水中をただよったり、浮いていました。

　→これが、【背景技術】です。

　これは、次のような欠点がありました。

　洗って干すとき、洗濯物の衣類、黒色の靴下などの表面に点々と糸くず、綿ぼこりが付着していました。

　洗濯をして、干したあと、片付けるとき、衣類に付着した糸くず、綿ぼこりを、一つ一つ手で取り除いていました。

　これは、きわめてわずらわしい作業でした。

　衣類の生地を傷める原因にもなっていました。

　この作品は、以上のような欠点をなくすために工夫しました。

　→これが、【発明が解決しようとする課題】です。

　網袋の開口部に、枠を取り付け、枠に支軸を付け、支軸の中央に取り付け穴を付け、空気袋に空気入れ口を取り付け、空気袋を支軸に取り付けたものです。

→これが、【課題を解決するための手段】です。

ヒット商品になった「洗濯機の糸くず取り具」、どのような書類にまとめたのか、一緒に研究しましょう。おつきあいください。

そして、みなさんが、【発明者】、【特許出願人】になって、億万長者になったつもりで、「【書類名】　特許願」の書類を書いてみましょう。ワクワクしますよ。

●説明図（図面）

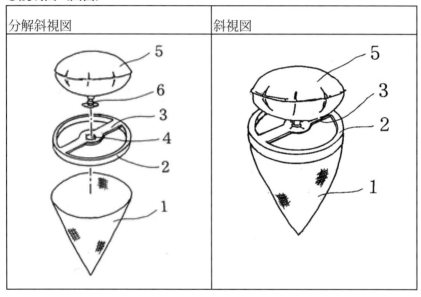

| 分解斜視図 | 斜視図 |

符号は、「1　網袋、2　ワク、3　支軸、4　取り付け穴、5　空気袋、6　空気入れ口」です。

本書では、「……です。……ます。」調で、説明をしていますが、特許庁に提出する「書類の書き方」は、「……である。」調なので、「……である。」調でまとめています。

第3章 思いつき・ヒラメキの 作品の事例

● 「明細書」の要点を書いてみよう
★ 【発明の名称】

> 【発明の名称】 洗濯機の糸くず取り具

★ 【技術分野】◆そのまま使える書き方◆

> 【技術分野】
> 　本発明は、……………………………………………………………
> ………………（発明の名称）に関するものである。

◆ 【技術分野】を書いてみましょう

> 【技術分野】

★ 【背景技術】◆そのまま使える書き方◆

> 【背景技術】
> 　従来、……………………………………………………………。

◆ 【背景技術】を書いてみましょう

> 【背景技術】

177

★【発明が解決しようとする課題】◆そのまま使える書き方◆

【発明が解決しようとする課題】
　これは、次のような欠点があった。
（イ）……………………………………………………………。
（ロ）……………………………………………………………。

　本発明は、以上のような欠点をなくすためになされたものである。

◆【発明が解決しようとする課題】を書いてみましょう

【発明が解決しようとする課題】

★【発明を実施するための形態】◆そのまま使える書き方◆

【発明を実施するための形態】
　以下、本発明を実施するための形態について説明する。
　………………………………………………………………………………
………………………………………………………。
　本発明は、以上のような構造である。
　本発明を使用するときは、………………………………………………
………………………………。

◆【発明が解決しようとする課題】を書いてみましょう

【発明を実施するための形態】

●まとめ：拍子木の「特許願」

(1)「願書」を書いてみましょう

「例.10,000円＋1,000円×4枚＝14,000円」

特許印紙	特許印紙	特許印紙

（14,000円）

【書類名】　　　　特許願
【整理番号】　　　P－
【提出日】　　　　令和　年　月　日
【あて先】　　　　特許庁長官　殿
【国際特許分類】
【発明者】
　【住所又は居所】
　【氏名】
【特許出願人】
　【識別番号】
　【住所又は居所】
　【氏名又は名称】　　　　　　　（印）又は〔識別ラベル〕
　【電話番号】
【提出物件の目録】
　【物件名】　　　明細書　　　　　1
　【物件名】　　　特許請求の範囲　1
　【物件名】　　　要約書　　　　　1
　【物件名】　　　図面　　　　　　1

第3章 思いつき・ヒラメキの作品の事例

（2）「【書類名】 明細書」を書いてみましょう

```
                                                    － 1 －

    【書類名】        明細書
    【発明の名称】
    【技術分野】
      【０００１】




    【背景技術】
      【０００２】




      【先行特許文献】
      【技術文献】
      【０００３】
      【特許文献１】

    【発明の概要】
      【発明が解決しようとする課題】
      【０００４】
```

【課題を解決するための手段】
【0005】

【発明の効果】
【0006】

【図面の簡単な説明】
【0007】
【図1】
【図2】
【図3】

第3章 思いつき・ヒラメキの作品の事例

－3－

【発明を実施するための形態】
　【０００８】

【符号の説明】
　【０００９】
　　　１
　　　２
　　　３

（3）「【書類名】 特許請求の範囲」を書いてみましょう

　　【書類名】　特許請求の範囲
　　【請求項1】

（4）「【書類名】 要約書」を書いてみましょう

　　【書類名】　要約書
　　【要約】
　　【課題】

　　【解決手段】

　　【選択図】　図1

第3章　思いつき・ヒラメキの 作品の事例

(5)「【書類名】　図面」を描いてみましょう

```
                                                        － 1 －
   【書類名】　図面
   【図1】




   【図2】
```

【図3】

第3章　思いつき・ヒラメキの作品の事例

■ **読者・特別サービス「練習問題の通信添削指導」**

　本書を読まれて、書類を作成してみたが、「特許願の書類の書き方」で、不安なときは、読者に限り、通信「添削指導料：1回（1件）82円切手×10枚」で、「練習問題の通信添削指導」受け付けます。
「特許願の書類の書き方」アドバイスします。

　用紙は、「特許願」の書類と同じように、A列4番「A4サイズ（横21cm、縦29.7cm）」を使ってください。

　練習問題ですが、形式は、「特許庁」に出願ができるような状態に仕上げてください。書類は、必ず写し（コピー）を送付してください。お願いいたします。

　あなたが、この作品の【発明者】、【特許出願人】になったつもりで「特許願」の書類を作成してください。

　一言、本の感想も添えていただけると嬉しいです。

　添削の期間は、7～10日くらいください。後編の1～3の練習問題は、「解答例」、「チェックリスト」を添えてご返送いたします。
「定形外の返信用（返信切手を貼付、郵便番号・住所、氏名を書いてください）の封筒（定形外）、または、あて名を印刷したシール」も一緒に送ってください。

　　　　　　　　　　　「送付先」

〒162-0055
東京都新宿区余丁町7番1号
一般社団法人 発明学会 気付
中本繁実　あて
読者・特別サービス「練習問題の通信添削指導」
「書類」在中

― 発明・アイデア成功十訓 ―

一．発明は慾から入って慾から、はなれたころ、成功する
二．悪い案も出ない人に、良い案は生まれない
　　まず、悪い案でも良いから沢山出せ
三．一つ考えた人は、考えなかった人より一つ頭が良くなる
四．頭、手、足を使っても、お金は使うな
五．発明のテーマ「題目」は、自分で実験できるものの中から選べ
六．くそっと思ったら、金の卵がある
七．半歩前進、ちょっとひねれ、それが成功のもと
八．他人の発明に感動する心を養え、次に「私ならこうする」と考えよ
九．出願文章は自分で書け、それが次の発明をひき出す
十．発明の売り込みは、発明したエネルギーの二倍使え

第4章
思いつき、ヒラメキの作品を
企業に売り込み、契約をめざす

★ 思いつき・ヒラメキが一攫千金になるヒント

●ごきぶりホイホイ

　"ごきぶりホイホイ"の発明者は意外なことに個人のОさんです。

　Оさんは、元複写機などОA機器の総合メーカーの社員でした。

　同社は、提案活動の盛んな会社で、提案数では、Оさんはいつもaクラスでした。20年続いたといいます。だから、創造力は大です。

　定年退職して7年目、奥さんから、台所のごきぶりが不潔だから、……、といわれ、ごきぶり捕りとその対策を頼まれました。うまい方法はないか、と考えているうちに少年時代のことを思い出しました。

　むかしは、紙にとりもちをくっ付けて取っていました。それなら、ごきぶりも、……。さっそく、孫のワッペンをもらい実験（テスト）したところ見事に成功。

　そして、さまざまな試行錯誤をくり返しながら"ごきぶりホイホイ"の案をまとめました。紙にとりもちをぬってハエをくっ付ける「ハエ取り紙」をヒントに考え出されたのです。

　この"ごきぶりホイホイ"は、昭和49年に発売し、3カ月で約27億円も売った大ヒット商品です。

1．権利が取れていなくても、売り込みはできる

●「特許出願中（PAT．P）」でも、作品を会社に売り込める

　いぜんは、権利が取れていない○○の作品を会社に売り込み（プレゼン）をしても製品にしてくれませんでした。

　いまは、違います。特許出願中（PAT．P）でも売買ができます。

　また、ロイヤリティ（特許の実施料）も支払ってくれます。

□作品の売り込み（プレゼン）は、どうすればいいか

　簡単な方法は、インターネットなどで同種の製品を製造している会社を調べることです。10～20社くらいは調べましょう。

　そして、会社に手紙で○○の作品を採用してください。……、とお願いするのです。5社、10社に手紙を出すのです。

　会社を調べるとき、第一志望の会社を決めてください。すぐに、事業内容を確認するのです。そして、傾向と対策を練るのです。

□複数の会社と契約はできるのか

　複数の会社に売り込み（プレゼン）をして、それで、同時に2～3社から買いたい。……、といってきたらどうすればいいですか（？）

　それは、ありがたいことです。そういうときは、製品に結びつけてくれる時期が早くて、契約の条件がいいところと契約をしてください。

　そして、他の会社には、

〜〜〜先日、提案させていただいた○○の作品は、お陰様で、○○会社で採用してもらうことになりました。〜〜〜といった内容の手紙を書いて、お断りしておくのが礼儀です。

《まとめ》

　特許出願中に製品にした作品には、「特許出願中、PAT．P（特許出願中という意味です）」とカタログ、商品のパッケージなどに表示されています。今度、商品を買うときに注意して見てください。

※ロイヤリティー（royalty）：特許などの知的財産権の利用に対する対価です。実施料ともいいます。
　ＰＡＴ．Ｐ（patent pending）：特許出願中という意味です。

２．契約は「専用実施権」と「通常実施権」がある

●ここが、チェックポイント
　「特許願」の手続きをしたら、とにかく、○○の作品、特許出願中（ＰＡＴ．Ｐ）です。……、と手紙に書いて、第一志望の会社に売り込み（プレゼン）をすることです。
　製品に結びつく可能性があるか、第一志望の会社の様子をみることです。そして、会社から、あなたの作品は素晴らしいです。当社と契約してください。
　……、といってもらえるように、作品の完成度を高めることです。
　売り込み（プレゼン）に力を入れるのです。
　それが、これからの町の発明家のムダのないやり方です。

●売り込み（プレゼン）をするときに、各種、賞状を活用しよう
　売り込み（プレゼン）をするとき、「特許願」の出願をしている。……、ということが大切なのです。
　また、各種、賞状を活用しましょう。効果があります。
　たとえば、発明・アイデアコンクール、発明展などで「○○賞」に入賞した賞状、あるいは、日曜発明学校の「トップ賞」の賞状です。
　各種、賞状は、自分一人で、大丈夫、これはいい。……、と力むより、他の人（第三者）が評価した証拠です。

●複数の会社と契約ができる（⁉）
　一つの作品の権利を２～３社に売ることは、できますか（？）
　できますよ。……、第一志望のＡ社と第二志望のＢ社、複数の会社と

契約をすることができます。
　それを、「通常実施権」といいます。
　しかし、実際問題として、よほどいい作品でないと何社も買いたい。……、といって申し込んでくることはありません。
　たいてい、その権利を独占したい。
　……、といってきます。それで満足すべきです。
　それを、「専用実施権」といいます。
□権利が取れなかったとき、お金は返金するのか
　次は、ロイヤリティ（特許の実施料）のことが心配で悩むこともあります。それは、出願中にロイヤリティ（特許の実施料）をもらっていて、もし、その作品の権利が取れなかったとき、お金は返金しなければならないのですか（？）
　ときどき、質問されることですが、特許出願中のロイヤリティ（特許の実施料）は返さないのが慣例になっています。もしもですが、それが心配な人は「契約書」にそのことを書いておきましょう。

3．会社は、上手い文章がほしいわけではない

●手紙に「特許出願中」と書いて売り込みをしよう
　発明貧乏、出願貧乏になってはいけませんよ。そのために筆者が１番に推薦したい売り込み（プレゼン）の方法があります。
　それは、○○の作品は、特許出願中（ＰＡＴ．Ｐ）です。……、と手紙に書いて売り込み（プレゼン）をすることです。
　すると、すぐに、私は文章がとても苦手です。……、といってしりごみをする人がいます。
　しかし、それは発明家のとりこし苦労です。先方は、上手い文章がほしいわけではありません。
□会社は、製品に結びつく作品がほしい
　会社は、製品に結びつく作品を求めています。だから、上手い文章に

まとめようと気負わないことです。
　そうすると心がずいぶんラクになると思います。簡単に書けるようになるハズです。
　作品の内容を 400 〜 600 字くらいにまとめるのです。「要約書」が使えます。そして、それに説明図（図面）を添付するのです。
　それだけです。簡単だと思いませんか。……、さっそく書いてみましょう。この方法なら、82 円か、92 円の切手代で会社の様子がわかります。
　用紙は、会社の担当者が整理しやすいように、A 列 4 番「Ａ４サイズ（横 21cm、縦 29.7cm)」を使いましょう。そして、周囲には余白を取りましょう。
　会社の担当者には、手数をかけて申し訳ないのですが、……。よろしくお願いいたします。

●特許出願中（ＰＡＴ．Ｐ）の肩書きが大切
　売り込み（プレゼン）の際に、特許出願中（ＰＡＴ．Ｐ）の肩書きがあれば受入れの姿勢も違ってきます。
　「特許庁」に出願もしていないのに、道徳的にチョット、……、と気にする人もいるでしょう。気持ちはわかります。でも、現実は違います。
　「出願＝製品化」ではないからです。だって、多くの作品は、この時点で、改良が必要です。また、先方が気に入ってくれたら出願するということは決まっています。
　この方法だと、自分の損害を最小限に、先方には実害を与えません。
　しかし、この方法で発明家が気にすることがあります。
　それは、先に出願されたらどうしよう。……、と心配することです。

４．心配ばかりしていては、作品は製品に結びつかない

●思いつき、ヒラメキの未完成の作品を完成させることが先
　発明家は、心配することがたくさんあります。

そういうときは、まず、作品の内容をまとめてください。そして、いつ創作したのか、日付（創作した日）を残すことです。
　著作権は、文芸、学術、美術、音楽に関するもので、思想、感情の表現を保護してくれます。権利は自然に発生します。
　そこで、目的（いままでの商品との比較）、構成（しくみのポイント）、発明の実施の形態（実施例、使い方）、効果（セールスポイント）、説明図、設計図などを詳しく書いて、○○の作品、○○年○月○日に創作しました。
　……、といえるように、日付（創作した日）を残しておくことです。
　そのような状況の中で、先方が買いたい。これは素晴らしい作品だ！
　……、と思ったら、いつ、出願しましたか（？）「特許願」の写しを送ってください。
　……、と書いた手紙が届きます。あるいは、メールか電話がかかってきます。
　そういう手紙がくるか、メールか電話がかかってきたら、目標の約60％のところまできた。……、と思って間違いないでしょう。
　だから、それが決まりかかったときに、書類に書いている内容をもう一度見直してください。その書類に、加筆、訂正ができます。
　それから、出願しても決して遅くはないのです。
　だから、嬉しい手紙がくるように、試作品を作って、実験（テスト）をくりかえしてください。そして、他の人（第三者）の意見を聞きながら、作品自体を改良することが第一です。
　そうです。思いつき・ヒラメキの未完成の作品を完成させることです。
　作品が未完成だと、手紙の返事、返ってきません。
　返事があっても、お断りの手紙です。
　……、すると、カンカンにおこって相手を非難する。
　……、そういったことを発明家から相談を受けることもあります。
　一番の問題は、○○の作品にありますよ。それは、作品が未完成だからです。
　そういう発明家に限って、未完成の作品に、何十万円、お金を使って

出願しているケースが多いのです。だかえど、「出願＝製品」ではないのです。

　だから、お金をムダにしないでほしいのです。

　将来、作品が製品になって儲かったときにしましょう。また、お金に余裕がある人は、プロに頼むのもいいでしょう。

● 「特許願」の出願より売り込み（プレゼン）が先か

「特許願」の出願をするのが先です。出願が１日遅れたら他の人（第三者）のものになります。……、と教えることは、産業財産権の法律書を見る限り正しいことです。

□ ところが、「出願＝製品」ではない

　製品化という面から考えると先に出願することは、「出願＝製品」ではないので、費用をムダにするケースが多いのです。

□ 会社は、製品が売れないと困るので改良を加える

　会社の担当者が作品を気に入ってくれても、製品にしたとき、売れないと困ります。だから、企画・デザインの担当者が改良を加えます。

　したがって、すぐに、「特許願」を出願することは、内容の追加、変更ができないので、特許戦略としては、まずい、といえます。

□ 第一志望の会社の様子をみる

　そこで、あわてて出願をする前に、まず、特許出願中（ＰＡＴ．Ｐ）です。……、と書いて、売り込み（プレゼン）をするのです。

　第一志望の会社の様子をみることです。

　上手くいかない理由がわかります。

　そうすることが、発明貧乏、出願貧乏を防ぐ方法として、１番良いやり方だと思います。

□ いつでも出願ができるように書類をまとめておく

　もちろん、そのとき、大切なことがあります。それは、特許、意匠などの書類は、いつでも出願できるようにまとめておくことです。

□ 会社の担当者がアドバイスをしてくれる

　また、売り込み先の会社の担当者が作品を製品に結びつけるためのア

ドバイスをしてくれます。そうなれば超ラッキーです。
　そのとき、加筆、訂正したい内容を書類の中に付け加えることができます。
　書類を書くことは、作品の完成度を高めるために、大切です。
□作品の内容のポイントは、随時記録しておく
　また、売り込み（プレゼン）をするときに、その作品の内容のポイントは、随時記録しておくことです。創作した日を証明できるように、「公証役場」、「郵便局の郵便切手の日付印（消印）」を活用する人もいます。

●「特許願」の書類は、すぐに書いて実力を付けよう
　○○の作品の書類を1件書くことは、書類の書き方の本を10冊読むよりも、実力が付きます。
　それは、書類を書くことで、内容の整理ができるからです。
　したがって、特許、意匠の出願をしなくてもいいとか、書類は書かなくてもいいですよ。……、といっているわけではありません。
　出願することはとても大切です。
　だから、いつでも出願ができるように書類を作成しておくことです。
　本当に、かんちがいだけはしないようにお願いします。
　その後、売り込み（プレゼン）をした第一志望の会社から、製品に結びつけるために検討したいので書類を見せてください。……、といった内容の朗報がきます。
　そのとき、準備をしておいた「特許願」に所定額の特許印紙を貼って、「特許庁（東京都千代田区霞が関 3-4-3）」に手続きをするのです。
　そして、その写しを先方に送ればいいのです。
　以上のようなわけで出願よりも売り込み（プレゼン）を先にした方がいい。……、ということをいいたいのです。
　売り込み（プレゼン）は本当に大切です。
　とにかく、売り込み（プレゼン）をして、製品に結びつく可能性があるかどうか、第一志望の会社の様子を見ることです。
　それが、これからの発明家のムダのないやり方だと思います。

5．こうすれば、売り込みの手紙は読んでもらえる

●乱雑な文字、長い説明文は「ダメ・ＮＯである」

　売り込みの手紙は短文にしてください。また、乱雑な文字は、いけません。読んでもらえません。読みにくい手紙は、すぐに、クズかごに入れられると思ってください。

　担当者は、日常の仕事におわれています。だから、読みやすい文章は歓迎してくれます。

　内容がすぐに理解できない文章は、「ダメ・ＮＯ」だ！　……、と思ってください。たとえば、長文です。

　とてもさみしいことですけど、……。ゴメンナサイ。
「特許庁」へ提出する「特許願」の書類でさえ、要約文「要約書」は、400字以内です。

　売り込み（プレゼン）の手紙は、○○の作品を買ってください。……、と製品化のお願いをする手紙です。

　だから、○○の作品のポイントがわかるように書くことです。

　目安としては、600字くらいにするといいでしょう。これくらいなら数分で読めて、内容も理解してもらえます。

　その中に、「発明の目的」、「構成（しくみ）」、「使い方」、「効果」を簡単にまとめるのです。

　それで、担当者が、これは、当社に必要な作品です。

　後日、面談してもっとくわしいはなしを聞かせてください。

　……、と思ってもらえるようにまとめることです。

　そのとき、効果、セールスポイントは、少しオーバーに書いてください。また、文章は、手書きよりはワープロ（ｗｏｒｄ）の方がいいです。

●説明図（図面）は、斜視図「立体図」が１番

　説明図（図面）を上手に活用するのも上手な売り込み方のポイントです。たとえば、お見合い、婚活の写真と同じだと思います。

　きっかけは、１枚の写真です。

説明図（図面）は、写真のように一目でわかるので斜視図「立体図」が１番です。普通の図面（製図）では、図面の読解力がない人にはわかりにくいからです。
　もし、あなたが斜視図「立体図」の学習をして、描き方を知っていれば斜視図「立体図」を大いに活用してください。そうすれば、作品のポイントが短時間で理解してもらえるし、しかも効果は大です。
　普通の図面「平面図」を描いてもいいが、図面の描き方のルールなどの学習をしていなければ、形が理解できなくて、その人を困らせてしまうことになります。ここでもやはり〝思いやり〟が大切です。
　あまり悩ませないようにしてくださいね。
　斜視図「立体図」を描くための参考文献は、「これでわかる立体図の描き方〔基礎と演習〕（パワー社刊）」などがあります。
　提案するときの用紙の大きさは、Ａ列４番「Ａ４サイズ（横21cm、縦29.7cm）」が一般的です。
　その方が会社の担当者も整理しやすいと思います。
　また、手紙と一緒に「住所・氏名を書いた（返信用の切手を貼付した）封書」を入れておくと様子が早くわかります。先方が気に入れば、すぐに「ＯＫ」の返事をくれます。あとは、その返事によって行動すればいいのです。

《チェック》
　いつも、自分が逆の立場になって、こんな嬉しいお便りだったら、読みたいのになあー。……、といえるような手紙を、気持ちを込めて書いてください。

第4章　思いつき、ヒラメキの作品を企業に売り込み、契約をめざす

6．すぐに使える「売り込みの手紙」の書き方

■手紙の書き方《文例・1》

○○年○月○日

○○○○株式会社
社外発明・アイデア　企画開発担当者様
手紙を見ていただきましてありがとうございます。
拝啓
貴社ますますご隆盛のこととお喜び申し上げます。
　さて、私は、特許（発明）が趣味です。いつも、御社の製品○○を愛用させていただいています。その便利さに感謝しています。
　今回、説明図（図面）のような形状の○○の作品を考えました。
　それで、○○の作品が製品にできるかどうか、ご検討をお願いしたく、突然ですが、このような手紙をお送りいたしました。
　○○の作品の内容を簡単に説明いたします。この作品は、………（内容をわかりやすく書いてください）………………………………………。
　すでに、試作品を作り何カ月も使っています。友人、家族にも好評を得ています。説明図（図面・試作品の写真）を添付いたします。書類を、ぜひ、見ていただきたいと思っています。
　前記の件、ご多忙中大変恐縮ですが、よろしくお願い申し上げます。
　まずはお願いまで。

　　　　　　　　　　　　　　　　　　　　　　　　　　　　敬具

「説明図（図面）」
　　　　　　　住所（フリガナ）〒
　　　　　　　氏名（フリガナ）　　　　　　　（　歳）
　　　　　　　　　TEL　　　　　　FAX
　　　　　　　　　E-mail
（簡単な自己紹介を書くと効果的です。担当者も返事がしやすいと思います。）

　最後までご一読いただきましてありがとうございました。
　心から感謝いたします。

■ 手紙の書き方《文例・2》

〇〇年〇月〇日

〇〇〇〇株式会社
社外発明・アイデア　企画担当者　様
手紙を見ていただきましてありがとうございます。
拝啓
時下ますますご清栄のこととお喜び申し上げます。
さて、私は新しい作品を作ったりすることが趣味です。
今回、説明図（図面）のような角柱と円柱の木を組み合わせた「拍子木」を考えました。
製品に結びつく可能性があるかどうか、ご検討をお願いしたく突然ですが製品に結びつけるためのお願いをしたく、手紙をお送りさせていただきます。
作品の内容を簡単に説明いたします。いままでの「拍子木」といえば、角柱と角柱の木を組み合わせたものでした。
この拍子木を使うときは、互いに角柱の面と角柱の面で打ち合わせながら使います。それで、美しい同一音を連続的に発するためには、ある程度の練習と技術が必要でした。
そこで、同一音を簡単に発することができるように新しい形状の「拍子木」を考えました。角柱と円柱の木を組み合わせた拍子木です。それをひもで結んだだけのものです。
角柱と円柱を組み合わせると打ち合わせるとき角柱の面と円柱の曲面（線）で接触します。その結果、だれが使っても、すぐに美しい同一音を連続的に発することができるようになったのです。
また、両方に握り部を付けて、握り部を人形の「こけし」のようにして、それを男女の頭形にすればお土産品としても人気が出ると思います。
前記の件、ご多忙中大変恐縮ですがよろしくお願い申し上げます。
まずはお願いまで。

敬具

第4章　思いつき、ヒラメキの作品を企業に売り込み、契約をめざす

◆「説明図（図面）」

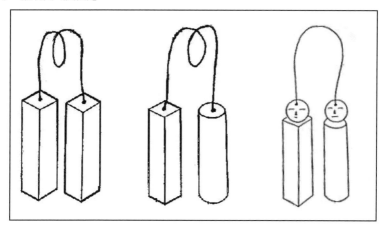

〒
住所（フリガナ）
氏名（フリガナ）　　　　　　　（　　歳）
TEL　　　　　　　FAX
E-mail

（簡単な自己紹介を書くと効果的です。担当者も返事がしやすいと思います。）

　最後までご一読いただきましてありがとうございました。
　心から感謝いたします。

手紙の書き方はだいたい以上のような形式です。
　これを参考にして書けばいいでしょう。

《チェック》
　こうしておくと先方が、これは売れそうな作品だ！　と思えば、……、試作品の見本をもって来社してください。……、といったような内容の手紙が届くか、メールか、電話がかかってきます。
　そうしたら先方に出向いて行って説明してください。
　だから、手紙の売り込み（プレゼン）は非常にラクです。返事は早ければ早いほど製品に結びつく可能性も大です。
　発明者のあなたが、その作品をデビューさせるための最高のステージをつくって上げてください。それをセットするのはあなたです。
　そのとき、その作品の内容の書き方が問題です。手紙を書くとき、もっとも気を付けていただきたいことは、3〜4枚にもなってしまうような長文にしてはいけないということです。

7．NO「ゴメンナサイ」の手紙がきても大丈夫

●1度に、5社、10社くらいには手紙を書こう
　素晴らしい作品の売り込み（プレゼン）をするとき、発明家によって売り込み（プレゼン）の仕方が少し違います。
　たとえば、第一志望の○○会社1社だけ、と決めて他の会社には売り込み（プレゼン）をしない人もいます。
　同じ手紙文を1度に、5社、10社に出す人もいます。
　前者は、この作品は、1社に手紙を出すだけで必ず採用されると考えています。よほど自信がある人でしょう。あるいは、気の弱い人かも知れません。
　また、ときには、1度に、5社も、10社も、手紙を出して複数の会社から採用したい。……、といってきたらどうしよう。……、と心配す

第4章　思いつき、ヒラメキの作品を 企業に売り込み、契約をめざす

る苦労性の人もいます。
　一度にたくさん手紙を出すのは、道義的にどうも、……、という人もいます。しかし、このようなことは商道徳的に決して間違った行為ではありません。

● 1番条件を良くしてくれる会社と契約をすればいい
　作品は、できるだけ多くの会社（人）にＰＲしてください。その中で、もっとも高く評価してくれる会社（人）に売ればいいのです。
　それで、複数の会社から採用したい。……、といってくればラッキーじゃないですか。ありがたいことです。
　そのときは、各社と「通常実施権」で契約をすればいいし、あるいは、その中で、1番条件を良くしてくれる会社と契約をすればいいのです。「通常実施権」とは、1社だけと独占で契約する。……、という意味ではなく複数の会社と契約するという意味です。

● 会社に〝お断り〟の手紙も書いてみたい
　作品の契約が決定したら他の会社に対して、

> 　先日、貴社にご提案させていただきました○○の作品は、○○という理由で○○会社に採用されることになりました。
> 　大変申し訳ございませんがそのことをご連絡させていただきます。
> 　今後、別件の作品ができましたらお便りさせていただきます。
> 　そのときには、お手数かけますが、また、ご検討くださいますようよろしくお願いいたします。

　……、売り込み（プレゼン）が上手くいって、このような文面の手紙を書いてみたいですよね。なんか、嬉しくなってきたでしょう。

● 〝いい返事〟がくることは少ない（!?）
　ところが、○○の作品、製品化しましょう。……、と書いた、いい返事がくることは、少ないです。
　理由ですか（？）……、目標（第一志望の会社）を決めて、会社の事

203

業内容を確認して、傾向と対策を練っていないからです。
　また、会社が求めている作品を提案していないのです。
　だから、その多くが、いつまで、待っても返事がきません。
　そういうとき、すぐに腹をたててはいけませんよ。おこってもいけませんよ。悲観することもありません。
　元気を出して、次の会社に、5社でも、10社でも手紙を出しましょう。
　そのとき、手紙を出した、会社名と発送日を記録しておきましょう。
　または、○○の作品の提案を受け付けました。
　……、といった封書かハガキを同封して、受付印を捺印して返事をもらっておく方法もあります。

（1）こんな返事がくる「パターン①」
　それでは、どういった内容のことが書かれた返事がくるのでしょうか（？）
　たとえば、次のような内容のことが書かれた返事の封書か、メールか、ハガキが届きます。

> 　○月○日、郵送いただきました○○の作品の発明・アイデア提案書（企画書）、確かに受け付けました。
> 　ご提案いただきましてありがとうございました。
> 　いずれ審議会にかけたいと思いますので、しばらくお待ちください。よろしくお願いいたします。

　こういった内容の返事が、普通一般の形式です。つまり、これは、作品の内容がいいとか、わるいとか、そういう意味ではありません。
　作品の提案書を受け付けました。……、という意味です。
　そして、そのまま、1カ月も、2カ月も返事がこないこともあります。
　それは、作品の内容が一般的だとか、あるいは、作品の提案件数が少なくて、審議会が開かれないかも知れないからです。
　なお、一般論としては、返事が早ければ早いほど有望です。
　逆に、長引けば、それに比例して希望はうすくなると考えてください。

お見合い、婚活の写真などでも、そうでしょう。気に入れば、すぐにOKの返事をすると思います。

（2）こんな返事がくる「パターン②」

○○の作品に関心を持っている会社であれば、たとえ提案した作品が「不採用」でも、丁寧（ていねい）な返事を書いてくれます。

たとえば、1,000円か、2,000円くらいの商品を付けて返事をくれるところもあります。こうした会社は記録しておいて、次の作品が完成したときは、1番先に提案することです。

このような会社を何社も知っておくことは、発明家にとって一つの財産です。また、商品を送ってくれる。……、ということは、会社があなたの"発明力"を評価してくれているのです。優秀な社外の発明・アイデアの提案者としてリストに載せてくれるという意味です。

もっと相手に気に入られると、その会社が新しい製品を作るごとに、その製品を送ってくれる会社もあります。

発明家は、こうした素晴らしい会社を3～4社を1日も早く持てるようになってください。

（3）こんな返事がくる「パターン③」

発明家が間違いやすい返事として次のような内容の文面があります。

先日、郵送していただきました、○○の作品まことに立派で敬服いたしました。

しかし、当社で慎重に審議した結果、今回はやむをえぬ事情で採用できませんでした。

しかしながら、この特許（発明）、意匠（デザイン）の権利が取れたときには、再度あらためてご相談したいと思います。

どうか、今後ともこれにこりずに素晴らしい作品ができましたらお知らせください。

お礼の意味で当社の製品○○をお送りします。

ご笑納ください。

このように丁寧（ていねい）な返事です。
　……、こうした、返事をもらった発明家は、10人が10人、喜色満面で鬼の首でもとったかのような気分になって、先生、まだ「出願審査請求書」を提出していません。すぐに、審査請求をしたいと思います。権利が取れれば採用したい。……、といってくれました。
　……、といってとんで相談にきます。
　ムリもありません。しかし、冷静になって、ここで良く考えてみてください。これは、呈（てい）のいい、断り文句（ゴメンナサイ）の一つです。それを、本気にしてあわてて高い費用を使ってまで「出願審査請求書」を提出してはいけませんよ。

★権利が取れたら、前向きに検討します。
★当社は、発明家と当社の両方のために権利が取れた作品以外は採用しない規定になっています。

　といった内容の返事もあります。
　この手紙の本当の意味は、○○の作品は、あまり気に入らないからお断りします。……、という意味です。
　つまり、

★○○の作品は、○○の理由でお断りします。

　といった内容の返事を書いてしまうと、発明者から、くどくどといい訳の手紙がきます。それが、また、面倒なのです。
　そこで、相手を怒らせないように遠回しにいって断るわけです。
　その方法として、以上のような内容の返事の手紙を書いています。
　「特許出願中（ＰＡＴ．Ｐ）」でも売買は成立します。
　実際権利が取れるまでには、時間がかかります。会社の担当者に気に入られたら「特許出願中（ＰＡＴ．Ｐ）」でも売買は成立するものです。

第4章　思いつき、ヒラメキの作品を 企業に売り込み、契約をめざす

● 「出願審査請求書」は、だれでも提出できる
「出願審査請求書」は、本人だけでなく、他の人（第三者）でも提出できるんですよ。だから、本当に〇〇の作品を気に入ってもらえたら、会社の方で、費用も出して「出願審査請求書」を提出してくれます。だから、発明家は、高額の費用を使わなくても大丈夫です。安心してください。

したがって、このような内容の返事をもらったら残念ですが、お断りの手紙（ゴメンナサイ）と思ってください。

そのときには、次の目標の会社にアタックしてください。

会社では返事を書くときの文面のパターンをこのように作っておいて作品の内容によって使いわけをしているのです。

本当に「ゴメンナサイ」というのも大変なのですよ。

(4) こんな返事がくる「パターン④」
次の例は、「特許願」の書類を見たい。……、といった内容の返事です。
これも良くある手紙の返事の文面のパターンです。

> 先日、郵送していただきました〇〇の作品の提案書は、着眼点はいいのですが、〇〇の部分にこのような欠点があります。
> その点で作品を作るときの製造コストが高くなってしまいます。
> せっかくのご提案でもあり、もう少し検討させてください。
> 検討させていただきたいので、「特許願」の書類の写しを送ってください。
> 内容を拝見させていただきたいと思います。
> また、出願日（年 月 日）は、いつでしょうか。
> 〇〇年〇月〇日に出願になったのでしょうか、……。

といった内容の返事です。

このような内容の返事の手紙がきたら喜んでください。これは、相当、会社の担当者が気に入ってくれているということです。

6割方は、売り込み（プレゼン）が上手くいった。……、と考えてもいいでしょう。

だけど、採用したいと思うときは、決して"べたぼめ"はしません。

それは、発明家が調子にのって法外な「契約金」、「ロイヤリティ（特

許の実施料)」を要求してくるからです。
　まずは、製品に結びつけてくれることに感謝しましょう。
　素敵な彼女(彼)が、おつきあいしてくれることに感謝しましょう。
　それが1番です。

8．会社は、どのように対応しているのか

　私は、毎日、発明家が書いた「特許願」の書類の形式を添削したり、売り込み(プレゼン)の手紙の書き方などの指導をしています。
　その中に、売れる作品もあります。でも、どちらかというと、残念ですが売れない作品の方が圧倒的に多いのが現実です。
　だからといってがっかりしないでくださいよ。
　その理由は、売り込み(プレゼン)の仕方、いつの時点で、売り込み(プレゼン)をしたらいいのかわからない人が多いからです。
　だから、なかなかいい結果に結びつかないのです。
　そんなことで、発明家からいろんな内容の質問がきます。
　たとえば、次のような内容です。
□①なかなか、○○の作品を採用してくれません。
□②手紙を書いて売り込み(プレゼン)をしても、1カ月、2カ月、返事がきません。それで、次の目標の会社に売り込み(プレゼン)ができなくて困っています。どうすればいいですか(？)
□③権利が取れていません。
　盗用されたら、どうすればいいですか(？)……、など、などです。
　そこで、私は、社外の発明・アイデアを積極的に採用してくれる会社を訪問して、いろいろ聞いてきました。
　そのことについて、企画・開発部の担当者の声の一部を紹介したいと思います。参考にしてください。

第4章 思いつき、ヒラメキの作品を 企業に売り込み、契約をめざす

　じつは、私どもの会社に、毎月、作品が寄せられています。
　大変ありがたいことです。普通、社外の作品を募集するときには、新聞、雑誌などに広告（ＰＲ）が必要です。費用もたくさんかかります。
　このように、お金をかけて募集をしなくても、私たちの会社に興味を持ってくださって貴重な作品の提案をしてくれるわけです。だから、こんなにありがたいことはありません。
　提案書を丁寧（ていねい）に見て、ご返事を差し上げるようにしています。すでに、採用した実績もあります。
　でもですね、発明家は、どうも"研究心"が足りないようです。
　あまりにも、思いつき、ヒラメキのままの作品が多すぎます。
　明らかに製造がむずかしくて、作るときの製造コストが高くなるのが目に見えているものを堂々と提案してきます。
　しかし、まあー、これは、実際に製造に携わっていないからムリかも知れません。
　ただ、当社がすでに市販しているものと同じものが送られたときには考え込んでしまうときもあります。
　次は、

★手紙を書いて、提案書を郵送してもなかなか返事をくれない。

　といったご意見ですが、会社にもいろいろ事情があります。だから、パッパッと返事は書けません。
　まず、郵送していただいた作品の提案書を拝見します。
　ところが、それがどんな作品なのか理解するのに時間がかかることも結構多いんですよ。また、すでに、同じようなものがないか、先行技術（先願）のチェックなどもします。
　それは、発明者が先行技術（先願）を調べていないからです。
　他にも理由があります。
　たとえば、便箋に乱雑な字で、５〜６枚、書いています。すると、担当者は、読もう。……、という気がなかなかおきません。

そういう人に限って説明図（図面）を複雑に描いています。すると、ますます作品の内容が理解できません。

そうすると、ついつい、あと送りになってしまうのです。

●採用するか、しないかは会社にとって重要な決定

発明者が、盗用されたらどうしよう。……、と心配する気持ちも本当に良くわかります。……、でも、私たちも真剣です。

会社は新しい作品を開発するために大きな金額を投資します。そういった状況の中で、社外の発明・アイデアを採用しています。

ところが、それは、先行技術（先願）を調べていなくて、権利が取れないものであったり、権利侵害を構成する作品だったりすると大損をしてしまいます。

だから、そこで、良く先行技術（先願）を調べて、これなら独占して商売ができそうだ、と思ったときに意思表示をするわけです。

そんなところにも、時間を費やしています。

また、市場調査もします。

しかし、熱心に提案してくれている町の発明家の気持ちを考えると、ほっとけません。すぐに返事をすることが大切です。だから、できるだけ早く処理することにしています。

これからも〝スグレモノ〟で、完成度の高い作品の提案、よろしくお願いします。

9．「発明コンクール」で、作品のレベルが確認できる

●所定の応募用紙で、作品を応募するだけで、製品に結びつくか、可能性がわかる

一般社団法人 発明学会（会員組織）では、社外の作品を求めている会社が協賛している「各種、発明・アイデアコンクール」を随時開催しています。

第4章　思いつき、ヒラメキの作品を 企業に売り込み、契約をめざす

　社外の作品を求めている会社が協賛している「発明・アイデアコンクール」は、作品を製品に結びつける、町の発明家の「登竜門」です。
　発明講座に入学したばかりの人は、ぜひ「発明・アイデアコンクール」に応募して、作品の実力を試してみてください。○○の作品を製品に結びつけるチャンスです。

□応募することで、自分の作品のレベルが確認できる
　スポーツと同じように、"発明力"を試すときには、試合に参加してみることが1番です。
　応募することで、自分の作品のレベルが確認できます。
　それが「発明・アイデアコンクール」です。
　上位に入賞すると、契約金は、30～100万円、ロイヤリティは、2～5％で、製品に結びつく可能性も出てきます。
　メリットは、特許などの出願をしなくても応募ができることです。
　また、製品に結びついていない作品なら、他の発明・アイデアコンクールに応募したものでも大丈夫です。

□会社は、社外の作品を求めている
　審査をするのは、社外の作品を求めている協賛会社の社長さん、企画、開発担当者です。
　会社は製品に結びつきそうな特許（発明）を熱心に探しています。
　みなさんの作品を製品に結びつけるためです。だから、結論が出るのも早いです。
　いままでのように、一人で苦労して何社にも、売り込み（プレゼン）をしなくてもいいのです。応募するだけで会社の社長さんが審査をしてくれます。
　書類は公開しません。入賞したら、出願の書類の書き方などを指導してくれます。
　それから出願をしても遅くないので、何万円も、節約ができます。
　私も一つでも多くの作品が製品に結びつくように協力します。

211

● 「発明・アイデアコンクール」は、出願してから応募するのか
　発明・アイデアコンクールなどの応募要項に、出願してから応募してください。……、と書いているケースがあります。
　ところが、これも出願を急ぐ必要はないと思います。
　書類を書いておいて、先方から請求されたら、その写しを送れば、それでいいのです。だって、出願して応募したからといって、「出願＝入選」するわけではありません。あくまでも予選会です。事実、多くの人が選外になります。落選したら、とうぜんですが出願の手数料は戻ってきません。
　だから、……、というわけではありませんが、発明者は出願する前にやることがあります。
　それは、試作品を作って、実験（テスト）をして、改良することです。
　そして、作品の完成度を高めることです。

● 「発明・アイデアコンクール」の問い合わせ先
　「発明・アイデアコンクール」について、詳しい資料が必要なときは、お手数かけますが、本書を読んだ、と書名を書いて、〒162-0055 東京都新宿区余丁町7番1号　一般社団法人発明学会「発明・アイデアコンクール」係　中本繁実あて、返信用（郵便番号・住所・氏名を書いた）の封書、または、あて名を印刷した返信用のシールと、送料手数料として、82円切手×8枚を同封し、請求してください。
　「発明ライフ・入門（定価500円）」と所定の応募用紙を1枚プレゼントさせていただきます。

10.「日曜発明学校」で発表「プレゼン」の練習ができる
　春・夏・秋・冬、いつの日曜日（または、土曜日）でも天候に恵まれた日となれば、レジャーを楽しむ人たちは、各地のスポットに列をなします。
　ちょうど、その頃、東京の日曜発明学校をはじめ全国五十数カ所の小

第4章 思いつき、ヒラメキの作品を 企業に売り込み、契約をめざす

講堂で日曜発明学校が開かれています。

ここには、多いところで、100余名、少ないところでも数十名の発明家が集まります。教室では目を輝かせながらマイクを握る司会者の一言一句に集中しています。

参加者は、普通のサラリーマン、ＯＬ、エンジニア、家庭の主婦などです。

私たちの生活の周辺には便利な商品がたくさんあります。

このように便利に使っているつもりの商品にも、一つか、二つは使用上の欠点、不便さがあるものです。

その商品の使い方が不便だと思ったところ、機能上の欠点を改良して日曜発明学校に多くの発明家が笑顔で出席するわけです。

また、試作品を作って持参します。その自信作のつもり（!?）の作品を得意になってここで発表します。

その作品について、講師の先生、集まった人たちが意見を交換しあい、製品に結びつけるために積極的に協力しあう特許（発明）の学習の場に、日曜発明学校がなっています。

いい意味で厳しい意見もときどきあります。

日曜発明学校では、毎回10件前後の作品の発表の申し込みがあります。

その作品の発明者が順番に発表していきます。

司会者　○○さんの○○の作品の発表です。みなさん聞いてください。
発表者　私の○○の作品の説明を聞いてください。
　　　　いままで、○○にはこんな問題点がありました。
　　　　それを、このような形にして、その問題点を解決しました。
　　　　その結果、使い方も簡単でこんなに便利になりました。

こんな調子で、発明者は、試作品、説明図（図面）を見ながら作品のセールスポイントなどを要領良く説明します。だから、家で何回か、練習をしましょう。

その間、約5～6分です。

3分くらいで、説明できるようにまとめるといいです。
　たとえば、カラオケのような発表です。カラオケは、自分は上手いと思って、3分くらい熱唱しています。ところが、回りは、そうでないことが多いんですよ。
　失礼とは思いますが、……、ちゃんと聞いてくれていませんよ。
　……、最後に、拍手はしてくれますが。

> 司会者　いま発表した〇〇の作品について、何か、質問はありませんか（？）
> 参加者　私もそれに困っていたところです。とても感心しました。
> 参加者　上手い案だと思います。ところが、その形では〇〇の理由で問題があります。
> 　　　　使いやすさの面でも問題があります。
> 　　　　……、など、など批評されます。
> 司会者　講師の方にお伺いしますが、この作品は、特許などの知的財産権の権利が取れるでしょうか（？）
> 講　師　機能的な部分は、特許の対象です。
> 　　　　物品の形状がかわいいので意匠の権利も取れるでしょう。
> 　　　　……、などのやりとりが行なわれます。

　このような発明の勉強会で、……、日曜発明学校は、六十余年の間、運営されています。
　この日曜発明学校から生まれた小さな作品は、何万件もあります。
　その中から、実際に製品に結びついた作品も誕生しています。
　そうすると、たくさんの発明家が集まってきます。
　自然に、中小企業の社長さんも参加してくれるようになりました。
　製品に結びつく作品はないですか。……、とスカウトにきてくれるわけです。
　そこで、製品に結びつけることを志す人は、近くの日曜発明学校に参加してみることです。
　そして、自分の作品を発表してください。参加している人の批評を聞いてみることです。すると、作品のレベルがうんとアップします。
　ここで、発表した作品に対して、その日集まった人たちがどの作品が

第4章　思いつき、ヒラメキの作品を 企業に売り込み、契約をめざす

1番良かったか（？）
　みんなで投票して"トップ賞"を決めています。
　その人には、記念品と賞状が授与されます。
　初心者は、ここで、このトップ賞が取れるようになるまで"ガンバル"ことです。トップ賞が取れたら、これで、○○の作品は、水準までいったと考えて間違いないでしょう。
　ここまできたら、今度は、○○の作品の売り込み（プレゼン）に力を入れてください。

●トップ賞を取ると、テレビ、新聞、雑誌などで取材される
　トップ賞を取ると、テレビ、新聞、雑誌などで取材されることもあります。それで、製品に結びつくケースもあります。
　発表してトップ賞が取れないようでしたら、まだ、売り込み（プレゼン）ができる程度まで作品のレベルが達していないのだ、と思ってください。
　そのときは、きっと"くやしい"と思います。ところが、それは一時のことです。
　ここで、一層発想の方向をかえてみてください。試作品を改良してください。使いやすさ、効果をあらためて、確認してください。
　そして、本当に自分のためになっているかどうかを確かめてみることです。それで、満足する結果が出なければ、さらに試作品を改良してください。
　完成度の高い作品にまとめてください。そこで、再度発表してみることです。
　そうすれば、トップ賞が取れるようになります。"トップ賞"の賞状が活用できます。
　ぜひ、お友達と一緒に参加してください。初参加でも大歓迎です。参加費（当日会費）は、1回1,000円くらいです。面接で個人相談も受けられます。
　東京の日曜発明学校の最寄り駅は、「都営大江戸線（地下鉄）・若松河

田駅」です。「新宿西口駅」からだと 2 つ目の駅です。

　改札口を出た真正面に案内用の地図があります。その地図に（一社）発明学会の場所が表示されています。
ごらんください。「河田口」を出て左側方向へ歩いてください。徒歩約 5 分（約 400 m）のところです。
「発明学会ビル」は、5 階建ての黒っぽいビルです。会場は、3 Ｆホールになります。

　日曜発明学校の場所、資料が必要なときは、お手数ですが本書を読んだと書いて、〒 162-0055 東京都新宿区余丁町 7 番 1 号 (一社) 発明学会「日曜発明学校」中本 繁実 あて、返信用切手 82 円× 8 枚を同封し請求してください。
「発明ライフ・入門（定価 500 円)」をプレゼントいたします。

11．すぐに使える「契約書」の書き方

　権利料はどのくらいですか。これは、特許（発明）の種類によって違いますが平均的にいうと次のようになります。
「契約金」……30 〜 100 万円くらいです。
「ロイヤリティ（特許の実施料)」……2 〜 5 ％くらいです。
　売買の契約は、両方に欲がでるので仲に立ってもらった方が上手くまとまりやすいようです。
　それで、(一社) 発明学会に仲介の労を頼む人が多いようです。
「契約書」の書き方は、普通の民法によるものと同じです。
　そこで、契約書の書き方の一例を紹介しましょう。次の通りです。

第4章 思いつき、ヒラメキの作品を 企業に売り込み、契約をめざす

◆「契約書」の見本

```
┌─────────────────────────────────────────────────┐
│  ┌─────┐                                        │
│  │ 収 入 │                                       │
│  │ 印 紙 │          契 約 書                      │
│  └─────┘                                        │
│                                                 │
│       甲（権利者）東京都○○区○○町○丁目○番○号          │
│              ○○  ○○                            │
│       乙（使用者）東京都○○区○○町○丁目○番○号          │
│              ○○○○  株式会社                      │
│              取締役社長  ○○  ○○                   │
│                                                 │
│   甲と乙は、下記出願中の条項について一般社団法人 発明学会立会のもとに │
│  専用実施権の設定契約をする。                              │
│                                                 │
│  第一条  甲と乙は下記について契約をする。                      │
│         特願○○○○－○○○○○号                         │
│         発明の名称  ○○○○                             │
│  第二条  専用実施権及び権利発生後の専用実施権の範囲は次の通りとする。   │
│         期間  契約の日より権利存続中                        │
│         内容  全範囲                                  │
│         地域  国内                                   │
│  第三条  乙はこの本契約について、質権を設定し又は他人に実施を設定しては │
│         ならない。                                    │
│         ただし、甲乙協議によって実施者を設定することができる。       │
│  第四条  乙は、自己の費用をもって権利発生後の専用実施権設定登録の手続を │
│         することができる。                               │
│  第五条  この契約によって乙は甲に対し、実施契約金として○○万円、実施料 │
│         として卸し価格の○％の使用料を支払うものとする。           │
│  第六条  前条の使用料は経済事情その他に著しい変動が生じたときは、甲乙協 │
│         議の上でこれを変動することができる。                   │
│         協議がととのわないときは、立会人 一般社団法人 発明学会の意見に │
│         したがう。                                   │
└─────────────────────────────────────────────────┘
```

　　　　　すでに支払われた実施契約金及び使用料は理由のいかんを問わず甲は乙に返還しない。
第七条　使用料の支払は毎月○日締切りとし翌月○日までに、一般社団法人発明学会を通じ現金をもって全額支払いをする。
第八条　甲は 一般社団法人 発明学会を通じて必要に応じて乙からこの本契約の実施の状況その他の必要な事項についてその報告を求めることができる。
第九条　乙は契約の日より１年以内に製造販売し、また、特別の事情がない限り１年以上にわたり製造を中止してはならない。
第十条　この本契約については虚偽の報告その他不法行為等があったときは、甲は損害賠償の請求をすることができる。
第十一条　第二条、第三条、第五条より第十条について、乙又は甲が違反した場合立会人 一般社団法人 発明学会の了解のもとにこの契約を解除することができる。
第十二条　その他細則についてはそのつど書面で定める。

　以上の契約を証するため、本書３通を作成し署名捺印の上各自その１通を所持する。

○○年○月○日
　　　　　　　　甲　　東京都○○区○○町○丁目○番○号
　　　　　　　　　　　○○　○○　　　　　（印）
　　　　　　　　乙　　東京都○○区○○町○丁目○番○号
　　　　　　　　　　　○○○○　株式会社
　　　　　　　　　　　取締役社長　○○　○○　（印）
　　　　　　　　立会人　東京都○○区○○町○丁目○番○号
　　　　　　　　　　　一般社団法人　発明学会
　　　　　　　　　　　会長　　○○　○○　　（印）

あとがき〔著者から送る大事なお便り〕

●著者があなたの作品を拝見しましょう

　著者は、三十数年間で、何万人も発明家に、製品化の成功ノウハウを教えてきました。いまも教えています。

　特許（発明）の指導の実績も豊富です。それをもとに読者のみなさんが短期間で作品を製品にできるように、教えたいです。アドバイスをさせてください。

　その結果、特許（発明）を楽しめます。作品は製品に結びつきます。

　具体的には、目標の第一志望の会社、目標の第二志望の会社の決め方、売り込み「プレゼン」の仕方、手紙「企画書」の書き方などです。

　そして、あなたの創作物が、特許（発明）になるのか、意匠（デザイン）になるのか、などを教授させてください。

　気軽に相談してください。事務的に処理しませんよ。親身になってお手伝いします。あなたと同じ立場になって応援します。

　本書を読んだと、この本の書名を書いて、説明書（明細書）と説明図（図面）をお送りください。

　一言、本の感想も添えていただけると嬉しいです。

　形式は自由です。ただし、読みやすく、整理がしやすいように、用紙は、Ａ４サイズ（横21㎝、縦29.7㎝）の大きさの白紙を使ってください。ワープロ（Ｗｏｒｄ）、または、丁寧（ていねい）な字で書いてください。原稿は、必ず写し（コピー）を送ってください。

「返信用（返信切手を貼付、郵便番号・住所、氏名を書いてください）の定形外の封筒、または、あて名を印刷したシール」も一緒に送ってください。

　「１回（１件）体験相談」の諸費用は、返信用とは別に、１件、82円切手×8枚です。これは読者に対するサービスです。

　「発明ライフ・入門（定価500円）」をプレゼントいたします。

　私に「１回〔１件〕体験相談（30分以内・予約が必要）」を希望されるときは、相談にこられる前に、あなたの作品に関連した情報、「先行

技術（先願）」を「特許情報プラットフォーム（J-PlatPat）」で集めてください。
　それを、ＵＳＢメモリーに保存しておいてください。

●情報がたくさん集まる「特許情報プラットフォーム」
　あなたが、○○の作品を創作しました。または、○○の商品（または、役務）の名前を（ネーミング、または、サービスマーク）を考えたとき、出願がムダにならないように、先願がないか、登録になっていないか、「特許庁」の「特許情報プラットフォーム（J-PlatPat）」で、チェックすることが必要です。初心者でも、簡単に検索ができます。だから、ご安心ください。
「特許情報プラットフォーム（J-PlatPat）」には、初心者向けに、「簡易検索」があります。
　特許の先願をチェックしたいときは、検索対象を「特許・実用新案」にしてください。
　調べ方が不安なときは、気軽に相談してください。パソコンを使いながら、一緒に学習しましょう。
□書類を書くときの素晴らしい参考書になる
　その中に同じような内容の先行技術（先願）が見つかれば、書類「明細書、特許請求の範囲、要約書」を書くときの素晴らしい参考書になります。
□図面を描くときの素晴らしい参考書になる
　「図面」の描き方、要部の名称の付け方、「符号の説明」の書き方の素晴らしい参考書になります。
□第一志望の会社も見つかる
　売り込み（プレゼン）をしたい第一志望の会社も見つかります。
　関連した情報がたくさん集まります。その情報を整理すれば、効率良く、作品を製品に結びつけることができます。
　それでは、いま、すぐに、私と一緒に特許（発明）の学習をスタートしましょう。○○の作品の製品化を目指しましょう。

あとがき〔著者から送る大事なお便り〕

送付先

〒162-0055
東京都新宿区余丁町7番1号
一般社団法人発明学会気付　　中本繁実あて

《著者略歴》

中本繁実（なかもと・しげみ）

　１９５３年（昭和２８年）長崎県西海市大瀬戸町生まれ。

　工学院大学工学部卒、１９７９年社団法人発明学会に入社し、現在は、会長。発明配達人として、講演、著作、テレビなどで「わかりやすい知的財産権の取り方・生かし方」、「わかりやすい特許出願書類の書き方」など、発明を企業に結びつけて製品化するための指導を行なっている。初心者のかくれたアイデアを引き出し、たくみな図解力、軽妙洒脱な話力により、知的財産立国を目指す日本の発明最前線で活躍中。わかりやすい解説には定評がある。

　座をなごませる進行役として、恋愛などのたとえばなし、言葉遊び（ダジャレ）を多用し、学生、受講生の意欲をたくみに引き出す講師（教師）として活躍している。洒落も、お酒も大好き。数多くの個人発明家に、成功ノウハウを伝授。発明・アイデアの指導の実績も豊富。

　東京日曜発明学校校長、工学院大学非常勤講師、家では、非常勤お父さん。

　日本経営協会　改善・提案研究会 関東本部 企画運営委員

　著作家、出版プロデューサー、１級テクニカルイラストレーション技能士。職業訓練指導員。

　著書に『発明・アイデアの楽しみ方』（中央経済社）、『はじめて学ぶ知的財産権』（工学図書）、『発明に恋して一攫千金』（はまの出版）、『発明のすすめ』（勉誠出版）、『これでわかる立体図の描き方』（パワー社）、『誰にでもなれる発明お金持ち入門』（実業之日本社）、『はじめの一歩　一人で特許（実用新案・意匠・商標）の手続きをするならこの１冊　改訂版』（自由国民社）、『特許出願かんたん教科書』（中央経済社）、『発明で一攫千金』（宝島社）、『発明・特許への招待』、『やさしい発明ビジネス入門』、『マネされない地域・企業のブランド戦略』、『発明魂』、『知的財産権は誰でもとれる』、『環境衛生工学の実践』、『発明！ヒット商品の開発』、『企業が求める発明・アイデアがよくわかる本』、『誰でも書ける！「発明・研究・技術」小論文の書き方』、『やさしい改善・提案活動のア

イデアの出し方』、『こうすれば発明・アイデアで一攫千金も夢じゃない！』（日本地域社会研究所）など多数。

　監修に「面白いほどよくわかる発明の世界史（日本文芸社）」、「売れるネーミングの商標出願法（日本地域社会研究所）」などがある。

　監修／テキストの執筆に、がくぶん「アイデア商品開発講座（通信教育）」テキスト6冊がある。

思いつき・ヒラメキがお金になる！

2019年10月25日　第1刷発行

著　者　中本繁実
発行者　落合英秋
発行所　株式会社 日本地域社会研究所
　　　　〒167-0043　東京都杉並区上荻1-25-1
　　　　TEL　(03)5397-1231(代表)
　　　　FAX　(03)5397-1237
　　　　メールアドレス　tps@n-chiken.com
　　　　ホームページ　http://www.n-chiken.com
　　　　郵便振替口座　00150-1-41143
印刷所　中央精版印刷株式会社

©Nakamoto Shigemi　2019 Printed in Japan
落丁・乱丁本はお取り替えいたします。
ISBN978-4-89022-248-3